hänssler

KURT SCHEFFBUCH

Sag mir was du denkst

Erlebnisse mit
Andersdenkenden

Denkanstöße

Tips für
Begegnungen

Die Deutsche Bibliothek — CIP-Einheitsaufnahme

Scheffbuch, Kurt:
Sag mir, was du denkst : Erlebnisse mit Andersdenkenden, Denkanstösse, Tips
für Begegnungen / Kurt Scheffbuch. — 2. Aufl. — Neuhausen/Stuttgart : Hänss-
ler, 1995
  (Edition C : C ; 435)
  ISBN 3-7751-2346-6
NE: Edition C / C

EDITION C-Paperback, C 435
Bestell-Nr. 58.135
2. Auflage 1995
© Copyright 1995 by Hänssler-Verlag, Neuhausen/Stuttgart
Umschlaggestaltung: Dialog Werbeagentur
Titelfoto: Medienteam AV
Satz: AbSatz Ewert-Mohr, Klein Nordende

Bibelstellen, soweit nicht anders angegeben, zitiert nach Gute Nachricht
© Dt. Bibelgesellschaft, Stuttgart

INHALT

»Alles Wesentliche im Leben
ist Begegnung.«

Martin Buber

EINFÜHRUNG

Begegnungen sind in unserer Massengesellschaft etwas Alltägliches, etwas, was kaum der Rede wert ist, oder doch?

Eine Begegnung kann auch etwas Besonderes sein, etwas Einschneidendes. Sie kann uns aufhalten oder blockieren, sie kann andererseits auch anregen, ermutigen und beglücken. Wie das Erste verhindert und das Letzte erreicht werden kann — das wäre wert, darüber nachzudenken.

Es gibt Begegnungen von Menschen, die sich gegenseitig anziehen, durch Sympathie, durch gemeinsame Gaben oder Interessen. Schön, daß das so unproblematisch ist.

Um so mehr machen uns Begegnungen zu schaffen, die durch Vorbehalte, Antipathie oder Interessengegensätze geprägt sind. Ein Leben lang können wir daran arbeiten, daß diese Gegensätze nicht ausgeweitet, sondern nach Möglichkeit reduziert oder gar überwunden werden.

Doch ein Hoffnungsschimmer zeichnet sich ab. Bei Begegnungen mit Andersdenkenden können gelegentlich unerwartete Erfahrungen gemacht werden: Die Gegensätze sind gar nicht immer so groß, und die Antipathie ist meist nur ein Reflex unserer Einbildung. Ja, die selbstgefertigten Vorbehalte sind es, die allzu gern unsere zwischenmenschlichen Beziehungen belasten.

Wie diese Vorbehalte, statt sich wechselseitig hochzuspielen, im praktischen Leben überwunden werden können, darüber soll im folgenden berichtet und nachgedacht werden.

Sag mir, was du denkst...

So lautet der Titel, und es ist zugleich der Leitgedanke:

– Den andern möchte ich hören. Deshalb: Sag mir, was du denkst...

– Den andern möchte ich verstehen lernen.

Auch wenn es nicht immer meiner Stimmung oder meinem Naturell entspricht – ich will es versuchen.

Gegenseitiges Verständnis bekommen wir meist nicht gratis, es kostet seinen Preis.

Ja, Verständnis ist wirklich kostbar. Es ist der Schlüssel, mit dem aus einer Begegnung ein Erlebnis werden kann.

»Nicht da ist man daheim,
wo man seinen Wohnsitz hat,
sondern wo man verstanden wird.«

Christian Morgenstern (1871-1914)

A. ERLEBNISSE

1. WOHER NEHMEN SIE DIE KRAFT?

Mein Gesprächspartner war der Firmenchef selbst. Er war im eigenen Haus gefürchtet und draußen noch mehr. Unsere Außendienstler wünschten deshalb ihrem Chef auch mal das »Vergnügen«, an diesem »harten Knochen« sich die Zähne auszubeißen.

Da saß ich ihm nun gegenüber und gewann zunehmend Respekt vor dieser Persönlichkeit. Er hatte das Unternehmen von den kleinsten Anfängen an aufgebaut, es war seine persönliche Lebensleistung. Er erzählte, und ich hörte zu, beeindruckt und zugleich neugierig.
Schon längst hatte ich den erwünschten Auftrag ausgehändigt bekommen. Ich ließ ihn vor mir liegen, steckte ihn noch nicht in die Tasche, um nicht den Eindruck zu erwecken, mir ginge es nur um den Auftrag.

»Können Sie diesen außergewöhnlichen Einsatz für die Firma Jahr für Jahr fortsetzen?« Mit meiner Frage wollte ich an seinen Zukunftsüberlegungen Anteil nehmen. Wer könnte ihn entlasten? Wer wäre schließlich imstande, sein Nachfolger zu werden?

Wieviel Energie gibt dieser Mann her! Und was bekommt er zurück? So fragte ich mich, und dann richtete ich die Frage an ihn direkt: »Woher nehmen Sie die Kraft?«

Er schaute mich an ohne Worte. Und dann schließlich kam – langsam – das Eingeständnis, das er wohl kaum einem Menschen bisher anvertraut hatte. Er sorgte sich um seine Zukunft; nicht um das Unternehmen, das stand gefestigt da. Alle nur denkbare Sorgfalt hatte er aufgewandt, um den Fortbestand der Firma zu sichern. Vor seiner persönlichen Zukunft war ihm bange. Wie wenig hatte er sich Gedanken gemacht über sein eigenes Leben! Was ist, wenn die Kraftreserven aufgebraucht sind?

Das war die Frage, die uns weiter verfolgte. Beim Verabschieden waren wir uns einig. Das Gespräch brauchte eine Fortsetzung.

Mir wurde bewußt, wie diese Frage Vorrang haben sollte vor vielen Tagespflichten: *Woher nehmen wir die Kraft?*

Die Antwort, die mein Gesprächspartner erwartete, durfte ich nicht voreilig »aus dem Ärmel schütteln«. Wir wollten den anspruchsvolleren Weg wählen und von Gottes Wort die Antwort hören. Ich freute mich schon auf das nächste Gespräch und das gemeinsame Durchdenken der Verheißung: »Alle, die auf den Herrn vertrauen, bekommen immer wieder neue Kraft.«[*]

---

[*] Jesaja 40, 31 · Die Übersetzung »Die Gute Nachricht« wurde in der Regel zugrundegelegt, sofern keine andere Angabe erfolgt.

2. EINE UNERWARTETE BEGEGNUNG

Der Zug war ziemlich voll. Im Speisewagen fand ich gerade noch einen Platz und sogar einen kleinen Tisch für mich allein. Das ist's, was ich brauche, dachte ich. Endlich mal ausspannen nach den vielen Stunden pausenloser Gespräche.

Bei einem Glas Rotwein und einem leichten Abendimbiß wollte ich ausruhen — wenn da nicht die anderen gewesen wären, die an mir vorbeiströmten, um sich auch noch einen Platz zu sichern.

Ich schaute auf und sah in die fragenden Augen eines Mannes. »Suchen Sie einen Platz?« fragte ich ihn. »Wollen Sie sich hierher setzen?« Er wollte.

Er bestellte etwas, und ich hörte von ihm, daß er auf der Heimfahrt war, ähnlich wie ich, zurück von einer Dienstreise. Wir sprachen über den Beruf: er Naturwissenschaftler und Erfinder, Inhaber unzähliger Patente. Das sah man ihm fast an, diesem kultivierten, feinen Herrn, daß er schon einiges geleistet hatte im Leben.

»Da können Sie stolz sein«, meinte ich, »Sie haben etwas erreicht, um das viele Sie beneiden«.

»Das, was Sie meinen, habe ich — gerade nicht erreicht«, sagte er und versuchte meine Verblüffung zu überspielen, indem er auf die verlorenen Patentprozesse hinwies und auf manche Gegenspieler, die sich seiner Erfolge zu bemächtigen versuchten. Es habe ihn krank gemacht, buchstäblich kaputtgemacht.

Es tat mir weh, was ich hörte. Jetzt war nicht die Zeit für viele Worte. Ich empfand mit ihm und fragte ihn schließlich: »Diese Enttäuschungen – wie kann man damit leben? Wie werden Sie damit fertig?«

Er sah mich traurig an. »Ich werde eben nicht damit fertig. Jetzt wissen Sie es, das ist mein Problem. Aber wieso spreche ich davon? Ich spreche doch sonst mit niemandem darüber.«

Es ist schon ein ungewöhnliches Vertrauen, was mir hier entgegengebracht wird, und das von einem unbekannten Menschen! Während ich zuhöre, versuche ich, mich in die Situation meines Gegenübers zu versetzen. Wieviel Arbeit, wieviel Hoffen und Enttäuschtwerden kann in einem einzelnen Menschen verborgen sein! Kann das ein anderer überhaupt verstehen? Da ist einer am Ende und hat nichts mehr zu hoffen. Was kann man da noch sagen?

»Gibt es überhaupt jemand, von dem Sie etwas erwarten?« frage ich. »Nach so vielen Enttäuschungen?« Als er verneint, kann ich mich nicht zurückhalten, kann mich damit nicht zufriedengeben. Das darf doch nicht das letzte Wort sein, denke ich, als mir klar wird, daß ich in Kürze aussteigen muß.

Während wir die Visitenkarten austauschen, frage ich: »Wenn Sie von niemandem etwas erwarten können ..., was erwarten Sie – darf ich Sie so persönlich fragen – was erwarten Sie von Gott?«

Er stutzt und scheint für einen Augenblick den Atem anzuhalten. Dann höre ich ihn sagen: »Nichts. Absolut nichts. Sie müssen wissen, meine Frau und ich – wir halten nichts vom Christentum. Die Kirche ist für uns gestorben.«

Mir wird ganz kalt. Nicht die Worte sind es, die mich frösteln lassen. Die Situation ist es, an der er mich Anteil nehmen läßt. Am Ende sein und erleben müssen, daß Gott nicht da ist. Ist dies nicht das Schrecklichste überhaupt?

Ob er noch einmal einen Versuch machen will? So frage ich ihn, fast kleinlaut, wird mir doch bewußt, wie abseitig die Frage empfunden werden muß, wenn man keine Hoffnung mehr hat. Ich verstehe ihn doch nur zu gut, wie weh es tut, von Kirche und Christen etwas erwartet zu haben und enttäuscht worden zu sein. Ich darf jetzt nicht verteidigen, was nicht verteidigenswert ist – die Institution.

»Ich würde so gern mit Ihnen noch einmal ausprobieren – vom Gefrierpunkt Ihrer Enttäuschungen aus – was Gott über unser Leben denkt. Was halten Sie davon, wenn wir den Versuch wagen würden, für eine gewisse Zeit von den Enttäuschungen wegzublikken und hinzublicken zu dem, was Gott selbst sagt?«

Keine Antwort, die Zeit des Abschieds war ohnedies schon gekommen, kurz und herzlich drückten wir uns die Hand.

Runde zwei Wochen später saßen wir wieder zusammen; er hatte die Einladung zu einem Seminar mit Bibelstudium aufgegriffen. Wir saßen an einem Wochenende in einer Runde von 18 Teilnehmern in einem Schwarzwaldhotel und gingen der Frage nach: Was sagt Gott zu unserem Leben? Es war zeitweise fast atemberaubend, was einzelne an persönlichen Fragen einbrachten und was wir gemeinsam als Antwort in der Bibel entdeckten!

Einige Tage später sandte mir mein Freund, den ich vier Wochen zuvor noch nicht gekannt hatte, einen Brief. Da schrieb er: »Ich war voller Fragen ... Dann diese Begegnung, die mir nun gar nicht zufällig zufiel. Das große Erleben, Antworten auf alle meine Fragen und Zweifel zu bekommen. In der Guten Nachricht steht alles, was notwendig ist. Ich verstand die ewige Existenz Gottes. Des Vaters, der seinen einzigen Sohn Mensch werden ließ, um uns alle zu retten. Der Sinn des Heiligen Geistes ... Alles strahlend vor meinen erstaunten Augen.«

Es stimmte mich dankbar und gab mir zu denken: Da wurde bei einer zufälligen, flüchtigen Begegnung in einem überfüllten Zug eine schlummernde Frage wach, die nicht vorschnell mit fertigen Antworten bedacht werden durfte. Mein Gegenüber wollte unmittelbar Gottes Wort erleben, nicht meine Erklärungen oder Gedanken. Ich hatte bestenfalls die Funktion eines Wegbegleiters; er hatte die Chance zu beweisen, daß er an den Fragen des andern Anteil nehmen, nicht nur darüber diskutieren wollte.

Wenn vitale Fragen unserer Existenz, die lange verschüttet waren, in unser Bewußtsein treten, dann sind immer Wegbegleiter gefragt, die Anteil nehmen.

Die Antwort hört der andere am liebsten von der kompetentesten und glaubwürdigsten Autorität, von Gott selbst. Ich möchte immer sensibler werden, damit aus zufälligen Begegnungen neue, wichtige Fragen wach werden, die wir gemeinsam vor Gott bringen wollen. So kann es zu einer unerwartet großen Begegnung kommen, die gar kein »Zufall« mehr ist — zu einer Begegnung mit Gott selbst.

> Du bist unser Gott,
> bei Dir finden wir Schutz.
> Deine Güte erquickt uns
> wie frisches Wasser.
> Du selbst bist die Quelle,
> die uns Leben schenkt.

Aus Psalm 36

3. »NEIN DANKE!«

Es trifft uns manchmal, wirft uns zurück, wenn wir einem andern ein gutgemeintes Angebot machen, eine Einladung oder ein Geschenk übermitteln wollen und hören dann: »Nein danke!« Wen sollte das nicht treffen, wenn jemand, bei aller Höflichkeit, so unmißverständlich zum Ausdruck bringt, daß das, was uns wichtig ist, ihn absolut kalt läßt? Dann würden wir gern in großem Bogen den anderen meiden.

Da mußte ich erst meine eigenen Lernschritte machen, bis mir klar wurde, daß solche ernüchternden Aussagen wie auch die Antwort »Kein Interesse!« nicht das Ende, sondern den Anfang einer Kommunikation markieren können.

Als die Computer in den Büros Einzug hielten, wollte ich mich frühzeitig einarbeiten, um kompetent zu sein — und scheiterte. Diese erste Generation der PCs war schon eine komplizierte Zumutung. Ich wollte nichts mehr davon wissen und hatte für immer genug. Sooft nun Angebote kamen, mir ein neues Gerät vorzustellen, schaltete ich auf »Kein Interesse! Kein Bedarf!« Das Angebot traf bei mir einfach auf keine Nachfrage.

So dachte ich jedenfalls. Bis jemand, der es gut mit mir meinte, einen Schritt weiterging. Er brachte mir besonderes Verständnis entgegen, wollte nicht unbedingt verkaufen, sondern hören, weshalb und wodurch ich enttäuscht worden war.

Das war der Schlüssel für die Lösung. Daß ich vom alten Gerät enttäuscht war, erschien verständlich, auch anderen erging es so.

Aber das Angebot der neuen Generation war etwas total anderes. Die Frage, die sich mir stellte, war jetzt nur: War ich bereit, noch einmal den Versuch zu wagen? Ich versuchte es und bedauere es bis heute nicht.

Kann es nicht ähnlich gehen mit unserer viel wichtigeren Nachfrage nach dem Frieden mit Gott? Da haben wir im Lauf der Jahre verschiedene religiöse Angebote erlebt, die nur Enttäuschungen zurückließen.

Aber haben diese Enttäuschungen denn etwas mit dem lebendigen Gott zu tun? Es waren doch Entäuschungen an Institutionen, an Amtspersonen, an Reglements und auch an einzelnen Menschen. Durch alle Rückschläge hindurch wurde doch das Fragen nach Gott nicht abgebrochen – oder? Die Fragen sind vielleicht verschüttet, aber sie sind da.

> »Ja, alle Menschen suchen im Grunde die Geborgenheit in Gott; einige sind sich dessen wohl bewußt, andere haben nur eine unbewußte Sehnsucht danach...
> Aber der Glaube der Ungläubigen ist es, der mich immer am meisten interessiert: dieser Glaube, der sich in ihrem unablässigen Suchen nach einem wirklichen Halt zeigt, und in ihrer Auflehnung, wenn Menschen, auf die sie zählten, sie verraten.«

> Paul Tournier (1898-1986),
> Arzt und Psychotherapeut,
> in: Geborgenheit, Herder 1972

4. WAS WÄRE, WENN ...?

Mit einem Kollegen war ich gemeinsam auf Dienstreise. Da verbrachten wir nun Stunden im Auto und hatten Gelegenheit, viele geschäftliche Fragen zu besprechen, aber auch vieles, was über den Tellerrand des Tagesgeschehens hinausging.

Wir hatten eben die Heimfahrt angetreten, waren eigentlich zufrieden über das Ergebnis der Besprechung und konnten entspannen. Eine kleine Nebenbemerkung meines Kollegen hätte ich fast überhört: »Wenn ich nur wüßte ...«, so etwa murmelte er vor sich hin. Ich mußte zurückfragen, was er meinte.

»Ach, nicht so wichtig. Ich habe da so einen Schmerz am Hals, schon einige Zeit. Aber es wird schon nichts sein ... « Ich mußte ihm, ohne etwas zu sagen, innerlich recht geben. Man sollte sich nicht immer gleich das Schlimmste einbilden, dachte ich. Meine Gedanken wollten schon wieder weiterwandern. Doch da mußte ich mich plötzlich fragen: Wie komme ich dazu, die Sorge meines Kollegen einfach so abzutun, mit gemachtem Optimismus? Bohrt sich eine solche Sorge nicht immer weiter? Läßt sie sich so leicht abschütteln?

Ich mußte ihn nochmals fragen, wie sich die Schmerzen äußerten. Stockend schilderte er mir, wie sie auch nachts auftreten konnten und ihm manchmal schlaflose Stunden bereiteten.

Jetzt erst konnte ich richtig mit ihm empfinden. Welche Alpträume mag er schon erlebt haben, ohne daß ich es geahnt hatte! Welche Angstvorstellungen hätte ich an seiner Stelle! Ist es nicht kalt und herzlos, davon zu hören und nur belanglose Worte zu machen, etwa: Kopf hoch, es wird nur halb so schlimm sein? Sind wir so wenig sensibel, wenn es um andere geht?

Natürlich sollte er unverzüglich zum Arzt gehen, das war ihm selbst klar. Aber was konnte ich für ihn tun? Sollte ich ihm Trost zusprechen, wenn er dies als Beschönigung auffassen mußte? Wenn ich an seiner Stelle wäre, erschiene mir dies dann nicht auch zu unangemessen, zu glatt? Ich war verlegen.

Nach einer längeren Pause versuchte ich, in all meiner Unsicherheit, mich in seine Gedanken hineinzutasten. Steht man da mit seinen Sorgen nicht auf einmal ganz allein? Und dann wagte ich das auszusprechen, was ich an seiner Stelle empfinden mußte, was wir aber ungern denken und noch weniger gern aussprechen: »Was wäre, wenn ...?«

Da brach es auf, das Fragen. Ja, das war der Nerv des Problems. Ich hatte nicht das Recht, jetzt Antworten zu geben. Bin ich nicht auch von dieser Frage betroffen und scheue mich, sie offen mit anderen anzusprechen: Was wäre, wenn ...?

Wenn ich heute erfahren würde: unheilbar krank! Wenn ich im Beruf in einer sehr wichtigen Frage falsch entscheiden würde. Wenn in der Familie, in der Ehe ein Riß entstehen würde – was wäre dann? Nicht auszudenken, so empfinde ich. Und wie viele haben diese Fragen! Sie werden meist alleingelassen und haben Mühe, weiter zu fragen, nach vorn zu denken.

Wir fuhren noch über zwei Stunden auf der Autobahn, bis wir zu Hause waren. Da ließ sich noch einiges andenken, auch die schwerwiegende Frage: Wenn Gott uns aus dem Leben abruft, was ist dann noch wichtig? Wir kamen überein, daß es schon aus dieser Sicht von vitaler Bedeutung ist, heute schon nach Gottes Wort zu fragen.

In den nächsten Wochen hatten wir oft Gelegenheit zu einer Fortsetzung des Gesprächs, mal in seiner Wohnung, mal bei mir. Aber meist hatten wir die Bibel vor uns, und wir waren mit Begeisterung bei der Sache. Vor allem ging es uns um die Person Jesus Christus, wie er unser Leben neugestalten will.

Heute steht mein Freund an verantwortlicher Position. Wer ihm begegnet, erkennt bald, wie wichtig ihm die Vertrauensbeziehung zu Jesus ist. Nicht wenige haben sich von ihm anregen lassen, über ihr Leben nachzudenken und selbst Entdeckungen in Gottes Wort zu machen.

5. NEUER MUT?

Der junge Industriekaufmann hatte sich in seiner Anfangsstellung gut bewährt. Er konnte zufrieden sein. Er war verheiratet, hatte einen Sohn. Unter Kollegen und Nachbarn war er beliebt. Aber dennoch stand er unter Druck, irgend etwas schien ihn seelisch zu belasten. Ich sollte ihn mal aufsuchen, dachte ich.

Er freute sich über mein Kommen. Während wir einige Worte tauschten, war er bemüht, einige Schriften vorsichtig aus meinem Blickfeld wegzuräumen, die ich offensichtlich nicht so genau erkennen sollte.

Doch ich hatte schon beim Eintreten wahrgenommen, daß er eine Menge esoterische Literatur um sich hatte.

Mir kam die Frage, was diesen freundlichen jungen Mann bewogen haben mag, sich von der Esoterik Hilfe zu erhoffen. Doch hatte ich nicht die Freiheit, seine Lektüre zu zensieren; es wäre bei seinem labilen Zustand nicht förderlich gewesen. Außerdem war mein Rat noch gar nicht gefragt. Er selber mußte es erst wollen.

Beim Weggehen ließ ich ihn wissen, wie sehr ich ihm wünschte, daß er bald wieder ganz zu Kräften komme, und ich fügte hinzu: »Wenn Sie an den Punkt kommen, an dem Sie merken, daß diese Literatur noch nicht ›die letzte Antwort‹ ist, dann können Sie mich gern ansprechen. Ich denke da noch an etwas ganz anderes.«

Nicht lange danach waren wir wieder zusammen. Er fragte mich, fast scheu, nach dem Buch, das ich noch in Reserve habe. Ich holte meine Bibel und eine zweite neue Ausgabe für meinen jungen Freund.

Wir fingen an zu lesen. Uns wurde deutlich, wie dieses Wort Gottes uns persönlich anspricht, wie ein eigenhändiger Brief Gottes, an uns adressiert. Da stand es geschrieben, Psalm 69, 33, wie extra für meinen Freund verfaßt: »Ihr alle, die ihr nach Gott fragt: neuer Mut soll eure Herzen erfüllen!« Und er war offen dafür.

6. IST GOTT ÜBERHAUPT GEFRAGT?

Im öffentlichen Leben ist Gott – kein Thema. Wo hört man heute schon etwas von Dankbarkeit gegenüber Gott – im Beruf und in der Politik, in den Schulen und in den Familien? In den Arbeitspausen kann man mit den Kollegen über alles sprechen, über unsere Hobbys und über das Geld, ja selbst über die intimsten Fragen. »Man errötet nicht mehr wegen der Sexualität, aber man errötet wegen der Religion« (Viktor Frankl). Gott ist ausgeklammert in den Gesprächen, als ob es ihn nicht gäbe.

Ich hatte ein Erlebnis in einem Kurort am See. In der Nähe der Uferpromenade hatte eine Gemeinde mit beachtlicher Ausstrahlung ihre Veranstaltungen in einem Hotel. Da hörte man an sonnigen Sommertagen durch die geöffneten Fenster die lebendigen Glaubenslieder bis weit über den See. Für mich war es eine Erfrischung. Doch für andere war es eine Provokation. Das merkte ich, sooft Touristen in Gruppen vorbeikamen. Ich sah, wie sie stutzten, sah, wie sie stehenblieben; einer oder zwei murmelten etwas, die anderen grinsten. Der Spott war immer dann den Passanten abzulesen, wenn sie nicht allein, sondern gruppenweise kamen.

Doch da kamen auch einzelne, und diese verhielten sich überraschend anders. Auch sie hielten an, hörten hin – aber mit verhaltenem Staunen, manchmal fast mit Wehmut horchten sie hin, wo die Lieder herkamen. Auf den Gesichtern war etwas zu lesen, was wie Sehnsucht aussah.

Die Menschen unserer Zeit haben zwei verschiedene Gesichter; in der Masse zeigen sie sich anders, als wenn sie allein oder im Gespräch zu zweit sind. Im ersten Fall müssen sie sich stark zeigen, im zweiten Fall besteht die Chance, daß sie sich zeigen, wie sie wirklich sind.

7. »WESHALB ICH NICHT GLAUBE«

Es ist immer äußerst aufschlußreich, wenn in einem Gespräch, das sich nicht nur an der Oberfläche bewegen soll, nach der Zukunftsperspektive gefragt wird. Die Frage nach Gott ist hier ganz wesentlich eingeschlossen.

Ob ich mit ihm rechne oder nicht, ob ich gar seiner Leitung mich freiwillig unterstelle — dies ist weder Ergebnis nur eines bestimmten Gefühls noch einer kühlen Berechnung, sondern es ist Vertrauenssache.

Für mich ist es sehr bewegend, wenn ich miterleben kann, wie ein Mensch — aus einer oft gleichgültigen Haltung heraus — plötzlich zu Jesus Christus Vertrauen faßt. Nicht das Wissen ist umwerfend, nicht der religiöse Besitzstand, allein die »erste Liebe«, die wir eigentlich nie verlieren sollten.

Auch Begegnungen mit Büchern können sehr anregend sein.

Unter dem Titel »Weshalb ich nicht glaube« bringt der Anthropologe und Publizist Ernest Bornemann folgende logische Ausführung:

»Wenn einer behauptet, etwas zu wissen, kann ich mit ihm diskutieren.

Wenn er aber behauptet, etwas zu glauben, muß ich es akzeptieren.«

Das ist nachdenkenswert.

Warum gibt es so viele Kraftanstrengungen mit ausgesuchten Argumenten, um auf der kalten Sachebene den vermeintlichen Gegner zu widerlegen? Beeindrucken können wir kaum durch die Argumente (1. Korinther 2, 4), sondern vielmehr durch das gelebte und bezeugte Vertrauen zu unserem Herrn.

Warum machen wir eigentlich aus der sensiblen Vertrauensbeziehung zu Jesus oft eine so kalte, kopflastige Angelegenheit?

8. BLOCKIERT DURCH EXISTENZÄNGSTE

Nach einem vollen Tagungsprogramm gab es noch einen gemütlichen Ausklang in der urigen »Bauernstube«. Ich setzte mich an einen Ecktisch, an dem drei andere Tagungsteilnehmer saßen. Sie kamen, wie sich herausstellte, aus verschiedenen Branchen und waren auch im Typ sehr unterschiedlich. Aber fast übereinstimmend waren ihre Sorgen und Zweifel in der Beurteilung der gegenwärtigen wirtschaftlichen Flaute.

»Der Job wird härter, und die Luft wird dünner«, meinte der etwa 45jährige Bereichsleiter einer Versicherung. Das reizte den Textilingenieur zu der Entgegnung: »Ihr habt es ja noch gut. Aber in der Textilbranche, da gibt es nichts mehr zu gewinnen und nicht mehr viel wegzurationalisieren. Weshalb ich mich mit meinen 54 Jahren überhaupt noch halten kann, weiß ich selber nicht.« Er lachte, aber es war bitterer Ernst, das sah ich ihm an.

Der Jüngste, ein Computerfachmann, schloß sich an und wies auf die Perspektivlosigkeit unserer Gesellschaft hin. Es gab ein erregtes Hin und Her von Argumenten, Existenzängsten und Schuldzuweisungen. Ich erinnerte an die letzte Rezession.

»Wie wenig haben wir daraus gelernt! Ist das nicht der Kern des ganzen Problems? Ob der nächste Aufschwung kommt, das ist für mich nicht die Frage, da bin ich eher optimistisch. Aber für mich ist es eine offene Frage, ob wir heute, mitten in der Krise, bereit sind umzudenken? Ob wir die Lektion lernen wollen, die in jeder Krise enthalten ist? Was könnte das sein?«

Gemeinsam dachten wir über das Geheimnis nach. Zur Überwindung von Krisen sind Persönlichkeiten gefragt, die »antizyklisch« handeln, das heißt doch: gegen den Strom schwimmen. Da wurde uns bewußt, daß dies eine Frage an jeden einzelnen ist, woher wir die Kraft nehmen, uns von den Ereignissen nicht nur treiben zu lassen, sondern gegen die Strömung ein bestimmtes Ziel zu verfolgen. Aber welches Ziel könnte das sein?

Ich sprach davon, daß ich ebenfalls meine persönlichen Durststrecken habe. Da bin ich froh, daß ich mich an Gott halten kann. Und jeder hat die Möglichkeit dazu — wenn er sich nur dafür öffnet.

Es war mir wichtig, daß wir beim Auseinandergehen nicht nur die nebelverhangene Zukunft vor uns sehen. Ich meinte eine ungewohnte Aufmerksamkeit bei meinen Gesprächspartnern zu spüren, ein wortloses Nachdenken. Auch ich mußte aufs neue über die offenen Arme Gottes staunen, mit denen er jeden einzelnen bei sich aufnehmen will.

9. »ZEIG MIR, WAS DU HAST!«

Viele halten Distanz zum christlichen Glauben, weil sie in ihm ein abschreckendes Bündel von Verhaltensvorschriften, von Geboten und Verboten sehen. Der mahnende Zeigefinger, der die Vielzahl von moralischen Appellen zum Ausdruck bringen soll, wird vielfach als religiöses Symbol gesehen. Man hat die Befürchtung, viel Liebgewordenes preisgeben zu müssen, sich nicht mehr am Leben freuen zu dürfen und sich stattdessen sklavisch an lebensfremde Regeln halten zu müssen.

Dies steht ganz im Gegensatz zur Guten Nachricht, die eine große Freude widerspiegelt. Woher also kommt diese besorgniserregende Vorstellung? Wie denken Sie darüber?

Was könnte dazu beitragen, daß echtes Leben von Christus sich Bahn bricht, nicht nur eine Karikatur davon?

Könnte es sein, daß ein Grund darin liegt, daß viel zu häufig in Erziehung, in Verkündigung und Mission Druck ausgeübt wird, wo der andere sich lieber fragen, bitten, gewinnen ließe?

Wie wenig Appelle bewirken, dafür habe ich erst kürzlich wieder eine Lektion bekommen. Zuweilen können uns auch Jüngere eine Lektion erteilen. In diesem Fall war es meine Enkeltochter Prisca, drei Jahre alt.

Draußen vor dem Haus hatte sie sich selbständig gemacht und war mit großem Eifer über die herbstlichen Wiesen gerannt. Jetzt lag es an mir, die Kontrolle über das mir anvertraute Kind zu behalten.

»Komm zu mir!« rief ich, nicht ohne Sorge, denn hinter den Wiesen war eine Straße, nicht ganz ungefährlich. Aber das kümmerte meine Enkelin recht wenig. Sie bückte sich, hatte sichtlich etwas gefunden, was sie mehr faszinierte als mein dringlicher werdendes Rufen. Da merkte ich, daß wohl ich mich ändern sollte, um willig gehört zu werden.

»Prisca, zeig mir, was du hast!« So rief ich — und schon kam das süße Mädchen mit Eilschritten zu mir gerannt und streckte mir ihren kostbaren Fund entgegen.

Ein Gänseblümchen war's; sie hatte es entdeckt, und ich durfte staunen. Das war eben reizvoller als mein Appell »Komm!«

Ist es nicht ähnlich auch im Gespräch unter Erwachsenen? »Zeig mir ... wie du denkst, wie du fühlst!« ist oft der Schlüssel für ein verstehendes Gespräch.

Wir üben zuweilen unbewußt Druck aufeinander aus mit dem, was wir wollen und was wir für richtig halten. Doch oft ist es, als ob wir mit angezogener Handbremse Gas geben. Es gibt viel Reibung und wenig Bewegung.

Ich möchte es gern von meiner Prisca lernen: Zuerst will ich erfahren, was den andern fasziniert, bevor ich ihn mit meinen Gedanken »faszinieren« möchte.

Es ist wohl jedem Menschen eigen, daß er lieber ein unmittelbares, eigenes Erlebnis hat und sich nicht vorwiegend »aus zweiter Hand« versorgen lassen will. Dies gilt besonders, wo es um die Gute Nachricht geht. Er will nicht immer belehrt und bevormundet werden, *er will selbst entdecken.*

10. »VON DEM WILL ICH NICHTS WISSEN«

Nach meinem schweren Verkehrsunfall, den ein alkoholisierter Jugendlicher verursacht hatte, unterhielt ich mich in der Reha-Klinik über dieses Thema mit einem Mitpatienten. Er war begeisterter Anhänger des Kajaksports und hatte sich in einer gefährlichen Stromschnelle schwere Verletzungen zugezogen. »Seitdem kann ich nicht mehr an Gott glauben«, so war sein Fazit.

»Mußten Sie nicht damit rechnen», fragte ich, »daß Ihr gefährlicher Sport zu einem Unfall führen kann?«

»Nein!« kam die trotzige Antwort, »ich konnte meiner Erfahrung und meinem Instinkt vertrauen. Aber ein Gott, der dies zuläßt, von dem will ich nichts wissen.«

Fast schaudernd wurde mir bewußt, wie gefährlich es sein kann, Wissen und Vertrauen zu verwechseln. Wir müssen wissen, wie unser Leben ständig von Gefahren umgeben ist. Die Frage ist nur: Welche Autorität ist stark und glaubwürdig genug, um dieser mein Leben anzuvertrauen?

»Auch ich verstehe nicht«, so schloß ich das Gespräch, »warum Gott meinen Unfall zugelassen hat. Aber ich will ihm vertrauen.«

Was seine Nähe bedeutet, habe ich noch nie so stark erfahren, wie gerade in diesen schweren Monaten.

> »Ich bin unruhig, aber bei dir ist Frieden.
> In mir ist Bitterkeit, aber bei dir ist die Geduld.
> Ich verstehe deine Wege nicht,
> aber du weißt den rechten Weg für mich.«

Dietrich Bonhoeffer (1906-1944)

11. IST DER ANDERE KORREKTURBEREIT?

In öffentlichen Diskussionen erleben wir es bis zum Exzeß: Zwei Kontrahenten mit entgegengesetzten Auffassungen lassen sich schwerlich voneinander überzeugen. Jeder der beiden will den andern durch Argumente besiegen. Jeder meint, bis zum Ende recht haben zu müssen.

In persönlichen Gesprächen tun wir uns leichter. Man kann zu- und abgeben, ohne das Gesicht verlieren zu müssen.

Darum war ich erleichtert, als es eine Gelegenheit gab, mit einem Mann persönlich ins Gespräch zu kommen, der verschiedentlich durch polemische Attacken auf sich aufmerksam machte und sich als Atheist gab.

Er war voller Abscheu gegen die gewalttätige Indoktrination, die, wie er aufzuzeigen versuchte, sich wie ein roter Faden durch die Geschichte des Christentums zog.

Weil ich weiß, wie wenig die Menschen aus der Geschichte lernen, konnte ich mir nicht vorstellen, daß ausgerechnet eine geschichtliche Diskussion eine Klärung bewirken könnte.

Ich fragte ihn, was ihn heute am stärksten erzürnt.

»Diese intolerante Clique von Scheinheiligen zeigt sich überall als Schulmeister der Nation.« Er prangerte die offiziellen kirchlichen Verlautbarungen an, wie auch die Selbstdarstellung der einzelnen Gläubigen. »Von demütigem Duckmäusertum bis zu anbiedernder Belehrung können Sie alles erleben, aber immer mit dem gewissen aufreizenden Sendungsbewußtsein. Ich will nun mal nicht ungefragt angepredigt werden.«

»Habe ich heute einen schlechten Tag erwischt?« fragte ich, »heute habe ich eigentlich nur *einen* Menschen erlebt, der sehr hart mit Sendungsbewußtsein andere abkanzelte … und der ist noch nicht einmal Prediger und auch nicht Schulmeister.« Dabei sprach ich langsam, um seine Reaktion erspüren zu können.

»Wie meinen Sie das?« fragte er, deutlich irritiert. »Nun, ich möchte lieber nicht scharf werden, ich würde Sie lieber gewinnen«, sagte ich, ohne das interpretieren zu wollen, was er schon längst verstanden hatte.

»Ich möchte Sie gewinnen, ob Sie und ich mal etwas ausprobieren wollen? Ob wir nicht, statt gegeneinander zu argumentieren, etwas Positives aus unserem Dialog gewinnen wollen? Es könnte ja einiges geben, was wir voneinander lernen können. Ich würde gern bald den Gesprächsfaden wieder aufgreifen.«

Er war offen dafür, auch ich; zwar konnte ich nicht alle Hiebe hinnehmen, die er da mit schonungslosem Rundumschlag ausgeteilt hatte, das war ihm sicher klar. Aber ich wollte in den kommenden Tagen und Wochen das Erscheinungsbild der Christen verstärkt vom Blickwinkel eines kritischen Outsiders sehen.

Können Sie sich vorstellen, welche Eindrücke sich mir aufdrängten? Es war für mich eine wichtige Lektion. Wollen Sie es auch versuchen, immer wieder neu zu üben:

Die Situation soll nicht nur aus dem eigenen Blickwinkel, sondern auch aus dem Blickwinkel des Gesprächspartners betrachtet werden.

12. »NEIN, ICH DENKE DA ANDERS!«

Wir wünschen uns das eigentlich nicht, daß uns im Gespräch unvermutet die gegenteilige Ansicht entgegengeschleudert wird. Doch manchmal ist es auch gut so. Und meistens ist es besser, wenn der andere überhaupt Stellung bezieht, statt in sich hineinzuschweigen oder glatte Gemeinplätze von sich zu geben.

Ein größerer Kreis von jungen Leuten war zusammengekommen, um sich einem Thema zu stellen, das viele Berufseinsteiger heute beschäftigt: »Leistungsdenken aus christlicher Sicht«. Da saßen Auszubildende und Krankenschwestern, Studenten und Facharbeiter. Meine Aufgabe war es, die Probleme der Berufswelt aufzuzeigen und zu analysieren und nach Möglichkeit Lösungen zu erarbeiten.

Ich brauchte einige Zeit, um im ersten Teil die Besorgnisse und den Frust vieler junger Menschen vor Augen zu führen und mich damit zu identifizieren. Als ich damit zu Ende war, kam ich auf die Chancen zu sprechen, die der jungen Generation heute offenstehen.

Zu diesem Zeitpunkt kamen einige etwas verspätet in den Raum, was ich nur am Rande zur Kenntnis nahm, denn ich war sehr auf meine Zuhörer ausgerichtet und war beeindruckt von ihrer spürbaren Aufmerksamkeit.

Nach meinem Referat war keine Plenumsdiskussion vorgesehen. Statt dessen bildeten sich kleine Gesprächsgruppen. Ich erlebte eine rege Beteiligung und war glücklich über die vielen praktischen Fragen, die aufgekommen waren.

Doch dann kam ein Einwurf von einem Studenten. Er richtete sich gegen alles, was er von mir gehört hatte: »Nein, ich denke da anders«, sagte er halblaut vor sich hin.

Auch wenn ich nicht gerade erfreut war über dieses Echo, wandte ich mich ihm zu und dankte ihm mit Respekt, daß er so offen gesagt hatte, was er denkt. Und daß er es nicht unnötig laut durch den ganzen Raum geschrien hatte, sondern in zivilisierter Lautstärke, nur für mich persönlich bestimmt, das fand ich fair. So konnte ich mich in einem Zweiergespräch ganz auf ihn einstellen, um zu erfahren, wo seine Vorbehalte, wo seine Wünsche und wo seine Enttäuschungen und Sorgen lagen.

Wie sich bald herausstellte, war er eben einer der Spätgekommenen, so daß schon dadurch ein Teil seiner Kritik erklärt werden konnte oder sich als nicht ganz stichhaltig erwies. Das alles war inzwischen Schnee von gestern, denn wir verstanden uns gut und konnten uns der Frage widmen, wie eine Lösung aus den vielschichtigen Enttäuschungen unserer Zeit denkbar sei.

Viel zu schnell war der Abend zu Ende. Ich fragte ihn, ob er zu einer Fortsetzung des Gesprächs in einem kleinen Kreis von Gleichaltrigen bereit sei.

Wir wollten einen neuen Lösungsansatz wagen: Nicht nur Meinungen sollten ausgetauscht werden, wir wollten vielmehr fragen, was Gott zu unserem Leben sagt. Ein Stück Quellenstudium also — in der Bibel. Er war einverstanden.

Für ihn bedeutete dieses Bibelstudium eine neue Orientierung. Er sagt selbst: »Jesus ist heute mein ständiger Begleiter. Es ist mir wichtig, seinen Willen zu beachten. Ich will mich immer neu ihm öffnen, so daß er mich leiten kann, in meinen Gedanken und meinem Handeln.«

13. NOCH EINMAL DAVONGEKOMMEN

Hat nicht jeder dies schon einmal erlebt: eine unerwartete Gefahr, einen Beinahe-Unfall — und dann das erleichterte Gefühl: noch einmal davongekommen!

Wäre es nicht lohnend, etwa zum Jahreswechsel dankbar Rückschau zu halten, an welchen Stationen der göttliche Weltenlenker spürbar seine Hand auf uns gelegt hat, um uns zu bewahren? Was wollte er uns damit sagen, und was haben wir daraus gemacht?

Diesmal war es ein richtiger Schock für mich, als ich erfuhr, daß ein mir nahestehender Verkaufsleiter, Vorgesetzter von 80 Mitarbeitern, zu einer lebensgefährlichen Herzoperation in die Klinik eingeliefert worden war.

Ich machte mir große Sorgen und versuchte mir vorzustellen, welche Angst in solch einer Situation aufkommt, welche physische und psychische Belastung!

Wie gut, daß es Fürbitte gibt! Daß ich in meiner Sorge um den Patienten mit Gott sprechen konnte. So wurde ich über dem Beten ruhig. Doch dann kam ein anderer Gedanke. Wer gibt mir das Recht, ruhig zu werden, wenn der Patient das Wichtigste noch nicht weiß: wie ein Mensch Frieden mit Gott bekommen kann — im Leben und wenn es ans Sterben geht? Warum habe ich nicht in den guten Begegnungen, die wir hatten, einen Funken begründeter Hoffnung rüberkommen lassen?

Einige Tage später, die Operation lag hinter ihm, konnte ich mit ihm schon telefonieren.

»Wie fühlen Sie sich?« fragte ich in sorgender Erwartung. »Toi-toi-toi«, gab er zur Antwort und beruhigte mich in hörbarer Erleichterung, daß er das Schwerste hinter sich hatte. Er war noch einmal davongekommen.

Ich war beglückt und sagte ihm dies. Es war ein Wunder, daß er uns erhalten geblieben war. Und doch war da zugleich ein stechender Schmerz. Kann man das einfach so stehenlassen, daß er so arglos diese abergläubische Floskel »Toi-toi-toi« gebrauchte, wo es vor wenigen Tagen um Tod und Leben ging?

Aber eines war doch klar, einen so schwerkranken Patienten durfte ich jetzt nicht korrigieren. Um so wichtiger wurde mir, ihn die Liebe, die in Jesus verkörpert ist, spüren zu lassen.

»Ich bin so dankbar, daß wir Sie noch haben«, mußte ich noch einmal bekräftigen. »Als Sie operiert wurden, da habe ich mich so gesorgt um Sie — und dann habe ich für Sie gebetet. Wissen Sie, mit Gott sprechen . . . das ist mehr als unsere gewöhnlichen Wünsche — auch mehr als alles ›Toi-toi-toi‹. Wie gut meint es Gott mit Ihnen!«

»Ja, so etwa war es. So habe ich es nach der Operation erlebt«, ließ er mich abschließend wissen. »Aber ich kann es nicht so gut ausdrücken.«

Einige Wochen später war er fast völlig wiederhergestellt, so daß wir ihn und seine Frau zu uns nach Hause einladen konnten. Es war ein harmonischer Abend, von Dankbarkeit geprägt. Der Genesene ließ uns Anteil nehmen an verschiedenen Stationen seines Lebens. Dann kamen Erinnerungen an die schwere Zeit des II. Weltkrieges.

»Ich war an der Ostfront«, kam es stockend aus ihm heraus.

»Einmal war es ganz furchtbar. Das Trommelfeuer, stundenlang, und wir lagen im Schlamm. Es war nicht auszuhalten. Neben mir, mein bester Kamerad, wurde plötzlich von einem Granatsplitter getroffen — tot.« Mit tiefer Bewegung sagte er immer wieder: »Das ist doch kein Zufall, daß ich aus dieser Hölle lebend herauskam. Kein Zufall!«

Und wenn er jetzt noch einmal bei dieser Herzoperation überlebt hat — was will Gott von ihm? Was hat er mit ihm vor?

Mit dieser Frage nahmen wir die Bibel zur Hand und lasen: »Fürchte dich nicht, spricht der Herr, denn ich habe dich erlöst. Ich habe dich bei deinem Namen gerufen; du bist mein!«[*]

Da haben wir uns bewußt gemacht, daß dieses Wort für jeden greifbar geworden ist und unwiderruflich gilt, wenn er nur im Vertrauen sein Leben Jesus Christus anvertraut. Und mein Freund hat es gewagt, mit seiner Frau. Im Gebet haben sie ja gesagt zu Jesus und ihm gedankt, daß ihr Leben nun unter seiner Leitung und unter seinem Schutz stand. Es war ein ergreifendes Erlebnis, und es ging viel Freude aus von diesem Neubeginn.

14. »DAMIT BIN ICH NICHT EINVERSTANDEN«

Bei einer Veranstaltung wurde ich aufgefordert, ein kurzes Wort zum Thema des Tages zu sagen. Da sprach ich von dem Trend zur Entpersönlichung, der wie eine starke Strömung uns in seine Gewalt bringen will. Da sei es entscheidend, ob wir als einzelne den Mut und die Kraft haben, gegen den Strom zu schwimmen. Dann sprach ich von dem Ziel, das wir kennen sollten. Ich empfand dankbar die Aufmerksamkeit der Zuhörer.

In der Aufbruchstimmung traf ich auf einen Teilnehmer, der mir mit geballter Kritik entgegenkam. »Sie wollten uns da was von gesellschaftlichen Strömungen erzählen — aber . . .« Er rang um das richtige Wort: ». . . es ist Ihnen — etwas mißglückt. Sie haben einfach nur Behauptungen aufgestellt. Damit bin ich nicht einverstanden.«

[*] Jesaja 43,1 (Luther-Übersetzung)

Das traf. Diese Art Konfrontation erlebe ich nicht so oft. Seine ätzende Kritik irritierte mich. Womit hatte ich ihn wohl verletzt? Ich brauchte eine kleine Pause, um ruhig zu bleiben. Es wurde mir wichtig, ihn zu verstehen.

»Wollen Sie mir sagen, was Ihre Meinung ist? Aber erst will ich Ihnen danken, daß Sie Ihre Kritik mir persönlich sagen. Vor versammelter Mannschaft hätten Sie eine größere Wirkung erzielen können, — und Sie haben es bewußt nicht getan?«

»Ja, ich muß es Ihnen direkt sagen: Ich schätze es nicht, wenn unpräzise Äußerungen gemacht werden. Man muß erst genau definieren, wenn man Vorschläge macht.« Es kam mir eher wolkig vor, was er da von oben herab urteilte, als eben präzise.

Ich verstand gar nichts mehr. Um ans Ziel zu kommen, muß ich doch nicht alles definieren, was sich mir in den Weg stellt, so wollte ich mich rechtfertigen; das Ziel muß um so klarer sein und auch der Weg dorthin.

Aber ich sprach es nicht aus, es war nur ein Gedanke, der mir bewußt machte: auch dieses Gespräch stolpert ziellos hin und her. Was will mein Gegenüber eigentlich? Ich fragte ihn.

»Sie zerstören die Eigenverantwortung jedes einzelnen, wenn Sie nur über die gesellschaftlichen Trends lamentieren«, meinte er, immer noch frostig. Es war gut, daß er weiterredete und ich Zeit hatte, um zu hören und nachzudenken.

»Ihr Anliegen — ist auch meines«, sagte ich, »nämlich die Eigenverantwortung. Vielleicht habe ich dies nicht klar genug ausgesprochen? Darf ich eine Bitte äußern? Ich würde gern von Ihnen hören, wie Sie denken, was Ihnen wichtig ist. Ob es für Sie bestimmte Erfahrungen oder Enttäuschungen mit andern gab? Aber ich kann viel besser hören und Anteil nehmen, wenn Sie nicht eine Anti-Haltung gegen mich einnehmen.«

Jetzt änderte sich sein Gesichtsausdruck, fast mußte er lächeln. Das Gespräch nahm einen neuen Lauf. »Sie haben recht«, meinte er, »ich will es versuchen.« Dann berichtete er von seinen Enttäuschungen mit der Kirche und allem, was sich religiös gab. Es fiel mir nicht schwer, ihn zu verstehen.

Ob er dann überhaupt noch Mut habe, nach Gott zu fragen —
nach all den Enttäuschungen? So fragte ich. Fast energisch bejahte er
dies: »Sonst hätte ich Sie doch gar nicht angesprochen. Das haben
Sie bestimmt gemerkt ... «

Offen gesagt — ich hatte es zunächst nicht gemerkt — im Gegenteil. Fast wäre der ganze Dialog geplatzt. Aber wenn ich mich ratlos
fühle im Gespräch, mache ich mir gern bewußt, daß selbst hinter
einer harten Schale sich ein von Gott geliebter Mensch verbirgt. Ihm
hat er schon »die Ewigkeit ins Herz gelegt«, auch wenn er selbst
noch gar nichts weiß von seinem Glück.

>>Kannst du noch staunen
über die vielen Wunder des Lebens,
die uns täglich begegnen,
und die wir kaum beachten,
und die doch deutliche Spuren
des großen Gottes sind?«

Peter Strauch

15. DAS RICHTIGE WORT ZUR RICHTIGEN STUNDE

So verhärtet hatte ich die Fronten noch nie erlebt. Die Verhandlungen hatten schon unter ungünstigen Vorzeichen begonnen. Da half es auch nicht viel, daß als Tagungsort ein reizvoller kleiner Kurort gewählt wurde. Die Zeichen standen auf Konfrontation.

Seit Stunden hatte ich mich bemüht, mit einigen Verhandlungspartnern, die meinen Standpunkt unterstützten, eine versöhnliche mittlere Linie zu verfolgen. Aber immer mehr gerieten wir in die Minderheit. Die besten Argumente prallten an einer eisigen Front von Repräsentanten ab, die mich sichtlich in die Knie zwingen wollten.

»Es gibt einen Punkt, hinter den ich bei aller Kompromißbereitschaft nicht zurückgehen darf«, gab ich zu bedenken. Ich konnte abgewählt werden, wenn es sein mußte; dazu war ich bereit. Aber ich konnte nicht entgegen meiner Überzeugung die mir aufgetragene Verantwortung vernachlässigen. Mein Vorschlag, eine bestimmte Zeit der Besinnung und Abklärung der Standpunkte einzuräumen, wurde ohne stichhaltige Gründe abgeschmettert. Ultimativ wurde die Minderheitsgruppe aufgefordert, von meinem Standpunkt abzurücken, was nicht ganz ohne Wirkung war. Die Abstimmung sollte nach der kurzen Mittagspause sein.

Die freien Minuten nutzte ich zu einem Gang in den angrenzenden Kurpark. Dies war kein guter Tag. Ich fühlte mich geschlagen — allein.

Kennen Sie auch einzelne Stunden, in denen jahrelange Entwicklungen sich plötzlich überstürzen und auf eine unerwartete Entscheidung drängen, die wie ein Zeitzünder tickt – und nicht mehr entschärft werden kann?

Warum tun wir uns so schwer mit der Verständigung? Mir wurde immer klarer, daß es einzelne Punkte geben kann, in denen wir trotz unermüdlichen Bemühens nicht zu einer gemeinsamen Lösung kommen können.

Wie schön ist die Natur hier ringsum, empfand ich wohltuend, so voller Frieden. Aber die Menschen können sich, wenn sie wollen, das Leben gegenseitig zur Hölle machen!

Ich stand vor einer wuchtigen Esche, durch deren Äste die milde Herbstsonne flutete. Am Baumstamm war ein kleines Holzkästchen befestigt mit der Aufschrift »Nimm und lies!« Ich tat es – und ich wurde beim Lesen eines kleinen Faltblättchens[*] tief im Innern angerührt. Da hieß es: »Wenn dir alles zerbricht, Menschen dich enttäuschen – einer enttäuscht dich nicht, sondern liebt dich bis ans Ende – Jesus!« Das war es, was ich brauchte. »Danke, Du mein Herr, für diese Erquickung! Wie gut bist Du zu mir!« Mein inneres Gleichgewicht war wieder da.

Mit gezielten Schritten ging ich auf das Konferenzgebäude zu. Die Zeit der Abstimmung war gekommen. Irgendwie mußte ich mich selbst wundern, wie ruhig und gelassen mich das alles ließ: die abschließenden Statements, die meine Position demontieren sollten, das lautlose Abrücken einzelner Gesinnungsgenossen und dann – die Abstimmungsniederlage selbst. Es war kein vergeblicher Tag.

---

[*] Obwohl ich gegen manche (belehrenden) Traktate allergisch bin, vor allem, wenn ich ungefragt damit versorgt werde, empfand ich dieses Wort als mutmachend, weil es mich in meiner aktuellen Situation abholte.

16. WENN DER ANDERE ES MIR SCHWER MACHT ...

Wenn man eine beratende Funktion in der Wirtschaft hat, wird man auch öfter in einer persönlichen Sache angesprochen. Diesmal war es eine junge Abteilungsleiterin, die mit ihrem Chef Schwierigkeiten hatte. Sie verstand nicht, warum. Er konnte sie wegen Belanglosigkeiten herunterputzen, und das auch noch vor Kollegen. Sie wußte nicht mehr weiter. Sollte sie Widerstand leisten oder aufgeben?

Wir durchdachten das Problem in verschiedener Hinsicht, vor allem auch vom Blickwinkel des Vorgesetzten aus. Was konnte ihn veranlassen, derart unfair gegen sie vorzugehen?

Wir sahen schließlich den Ansatz einer Lösung: nicht gegen den Chef kämpfen, was vom Instinkt her verständlich wäre, sondern versuchen, ihn zu verstehen und zu gewinnen.

So bat sie ihn um einen Termin in einer persönlichen Frage. Sie brachte zum Ausdruck, wie wichtig es ihr sei, mit ihrem Team die bestmögliche Leistung zu bringen. Darüber hinaus sei es ihr Wunsch, daß auch ihr Chef mit ihr zufrieden sei.

»Wo liegt das Problem?« wollte er wissen.

»Ich muß wissen, ob dies der Fall ist; ob Sie mit mir zufrieden sind oder nicht«, gab sie zur Antwort.

Es gab ein klärendes Gespräch, und alle echten oder vermeintlichen Vorbehalte wurden weggeräumt. Eine gute, verständnisvolle Beziehung konnte beginnen.

Ist es nicht erstaunlich, in wie kurzer Zeit diese Entschärfung von brisantem Konfliktstoff möglich war? Doch die Bereitschaft, auf denjenigen zuzugehen, der es mir schwer macht, ist nicht immer leicht. Unserer Abteilungsleiterin war es möglich, weil sie sich in ihrem Schritt nicht schutzlos wußte. Sie wußte von der Macht des Gebets.

>>Beten bedeutet nichts weiter,
als Jesus Zugang zu uns zu gewähren,
so daß er an unsere Not
herankommen kann.<<

O. Hallesby

17. »DAGEGEN STRÄUBT SICH IN MIR ALLES!«

Wir haben uns in ein ruhiges Schwarzwaldhotel zurückgezogen. Zwei Dutzend Menschen aus verschiedenen Orten, mit den unterschiedlichsten Berufen und Interessen, sind in einem Seminar zusammen, um über das Thema nachzudenken: »Leben gestalten — nach Gott fragen«.

Beim Betreten des Hotels könnte sich mancher der Teilnehmer gefragt haben: »Was mag da wohl auf mich zukommen? Von Religion verstehe ich doch gar nichts.« Aber das ist eben der Reiz an diesen Seminaren — sie sind nicht für Religiöse, sondern gerade für Nichtreligiöse gedacht. Trotzdem war für die Interessenten noch die eine oder andere Hemmschwelle zu überwinden.

Zuvor, bei den ersten Kontakten, gab es fast überall Einwände: »Keine Zeit / Ich will mir's mal überlegen / Leider paßt gerade dieser

Termin nicht / ... das nächste Mal vielleicht.« Aber als wir uns in die andern hineinzudenken versuchten, wurde uns klar: es gab eine Hemmschwelle, die zurückhielt und Ausflüchte produzierte.

Wie kann eine solche Hemmschwelle überwunden werden? Nicht, indem gepuscht wird. Nein, wer wollte dies schon? Vielmehr dadurch, daß die Hemmschwelle im Gespräch in Frage gestellt und nach Möglichkeit überwunden wird: »Was spricht aus Ihrer Sicht gegen ein solches Seminar und was dafür? Welche Voraussetzungen sollten erfüllt sein, damit Sie gern teilnehmen?«

Da sagt dann vielleicht einer: »Mit Leuten zusammenzusitzen, die alles schon wissen, macht mir keinen Spaß.« Wie recht hat er! Deshalb sind speziell die aufgeschlossenen Outsider eingeladen. Und wenn einer sich scheut, weil er die Bibel nicht kennt — gerade dann ist er hier goldrichtig!

Da sitzen wir nun um den langen Tisch, wir lernen uns kennen und fragen uns in das Thema ein. Uns ist nicht so wichtig, was Menschen schon immer über Gott gedacht haben, vielmehr was Gott über uns Menschen denkt und was er zu uns sagt. Deshalb betreiben wir engagiert Quellenstudium an der Bibel.

Jetzt lesen wir gerade die Aufforderung von Jesus: »Sorgt euch zuerst darum, daß ihr euch Gottes Herrschaft unterstellt und tut, was er verlangt ...!« Wir brauchen eine kleine Zäsur, um darüber nachdenken zu können. Die Frage heißt: »Was empfinde ich persönlich bei dieser Aufforderung?«

Da kommt ein Einwand, mit offener Entrüstung: »Wenn ich Herrschaft höre ... dagegen sträubt sich in mir alles!« Kurzes, betretenes Schweigen — auch ich muß denken: Wie recht hat er! »Woher kommt das wohl, daß sich in uns alles sträubt bei diesem Gedanken ...?« frage ich in die Runde.

Da werden Erinnerungen wach an ungute Lehrer-Schüler-Beziehungen, an autoritäre Chefs und schlimme Herrschaftsverhältnisse. Wieviele Enttäuschungen gibt es immer wieder, wenn Menschen sich Herrschaft anmaßen! Wir brauchen etwas Zeit, um die Bitterkeit abzugeben und fragen dann: »Wie ist es, wenn Gott uns einlädt ...?«

Erst jetzt wird deutlich, daß Herrschaft Gottes etwas total anderes ist als alles, was wir bisher erlebt haben. »Er bietet uns Schutz«, sagt eine Teilnehmerin.

»Und Mut, wenn es mir daran fehlt«, bemerkt ein anderer, noch etwas unsicher.

Wir lesen weiter und entdecken immer Neues. Ja, Jesus Christus selbst will die Brücke sein, die den Weg zu Gott bahnt. Und immer mehr kommen wir ins Staunen ...

18. »DA HABE ICH MEINE ZWEIFEL...«

Das Gruppengespräch entwickelte sich lebhaft; die 20 Teilnehmer waren aktiv bei der Sache. Das Thema war etwas ungewöhnlich für kirchenfremde Berufsanfänger: »Was hat unser Beruf mit Gott zu tun?« Es stieß auf nachhaltiges Interesse. Was heute im Beruf erlebt wird, Begeisterndes und Enttäuschendes, wurde vorgebracht. Besondere Aufmerksamkeit kam auf, als die wichtigsten Punkte mit einzelnen Aussagen der Bibel konfrontiert wurden. Es war kein Hickhack gegeneinander, fast war es ein gleichgestimmtes Aufhorchen: da gab es also Gottesworte, die eine Schlüsselfunktion für unser Leben haben.

»Wieso wurden sie uns bisher vorenthalten?« fragte ein Bankmann.

Eine Kosmetikerin meinte: »Vielleicht war ich früher dafür verschlossen. Wenn Gott so deutlich spricht, will ich es jetzt nicht in den Wind schlagen.« Sie sprach das aus, was wohl die meisten empfanden.

Von einem andern kam Widerspruch, unerwartet und schroff: »Da habe ich meine Zweifel!« Es gab einen Augenblick abwartende Stille.

Ich sah den kritischen Teilnehmer an, einen offenherzigen, sportlichen Typ, Designer von Beruf, und griff seine Bemerkung auf: »Was Sie ansprechen, ist ein wichtiger Punkt, vielleicht für uns alle? Wir wollen uns dem Thema »Zweifel« stellen. Es wäre gut, wenn jeder in der Pause überlegt: Was ist der Zweifel, der mich im Beruf oder in der Privatsphäre am meisten aufgewühlt hat?«

Eine halbe Stunde später machten wir uns an praktischen Erlebnissen bewußt, wie unser Leben voll von Entscheidungszwängen und – voll von Zweifeln ist. Wahl des Ausbildungsweges, Berufswahl, tägliche Entscheidungen, Wahl des Ehepartners – alles ist zeitweise von Zweifeln begleitet. »*Zwei-feln*« bedeutet doch, zwischen zwei oder mehreren Alternativen hin- und herschwanken; viele Sprachen bringen diese *Zerrissenheit zwischen zwei Wegen* zum Ausdruck.

Andauernder Zweifel macht uns kaputt. Die Lösung des Zweifels liegt nicht im passiven Abwarten, sondern in der Vertrauens-Entscheidung. Ob Weg A oder B richtig ist, kann keiner beweisen.

Ob meine Entscheidung richtig ist, erweist sich später; vorher sind meine Einsicht und mein Vertrauen gefragt.

In der wichtigsten Frage zwischen Gott und Mensch lädt Jesus zu einem Experiment ein (Johannes 7, 17): Indem wir das Wort Gottes auf unser Leben anwenden, erleben wir, wie richtig und wie göttlich das ist, was Jesus gesagt und getan hat.

Wie können wir den Zweifel lösen?

– Wir sollten unsere Zweifel nicht verdrängen oder gar leugnen.

– Der Zweifel sollte auch nicht zu lange erörtert werden; sonst wird Zweifel zum zerstörerischen Selbstzweck, und die Kraft zur Entscheidung schwindet.

– Der Kern des Zweifels ist ein gespaltenes Herz. Die Therapie liegt im Vertrauen zu Jesus Christus.

Dieses Vertrauen wird durch ein Wunder des Heiligen Geistes zur Gewißheit. *

Gewißheit – gibt es das?

Was Gewißheit bedeutet, erweist sich dann, wenn schwere Zeiten kommen. Deshalb ist es so wichtig, daß wir in guten Zeiten, mitten im tatkräftigen, gesunden Leben, unser Vertrauen Jesus Christus entgegenbringen. Es traf mich sehr, als ich überraschend die Nachricht erhielt, unser Freund sei plötzlich in die Klinik eingeliefert worden. Es stehe gar nicht gut um ihn, man müsse das Schlimmste befürchten.

Wie schießen da die Gedanken durch den Kopf! Vor Jahren, bei unserer ersten Begegnung, war er mit seiner Frau zu Gesprächsrunden gekommen, um mehr über Gott und sein Wort zu erfahren. Freundliche Nachbarn hatten sie darauf aufmerksam gemacht. Was waren das für beglückende Erlebnisse: die gemeinsamen »Entdeckungsreisen« durch die Bibel, die ersten Erfahrungen des persönlichen Sprechens mit Gott. Und dann die Gewißheit: In der Person Jesus ist uns alles gegeben, was wir zum Leben brauchen und auch zum Sterben.

Als ich zur Klinik fuhr, um ihn zu besuchen, lag es mir schwer auf dem Herzen, ob und wie ich ihm Zuspruch geben könne. Erst 50 Jahre alt war er, und schwere Jahre lagen hinter ihm. Bestrahlungen und etwas neue Hoffnung. Dann die Chemotherapie — und deren Auswirkungen, die bewältigt werden mußten. Sooft wir ihm begegneten, erlebten wir ihn zuversichtlich.

* 1. Johannes 4,9-15/5,10-12. Im griechischen Urtext kann *pistis* mit Glaube oder mit Vertrauen übersetzt werden. Im Deutschen hat das Wort »Glauben« eine Sinnentleerung erlebt; man versteht darunter eher ein Nicht-Wissen oder eine Gefühlseinstellung. *Vertrauen* bringt besser zum Ausdruck, worauf es ankommt.

Und nun sah ich ihn noch einmal, schwer von der Krankheit gezeichnet. Doch sein Gesicht strahlte noch einmal, trotz aller Schmerzen. Ich durfte nicht viel sprechen. Nur das, was vor der Ewigkeit Bestand hat, sollte uns vor Augen stehen.

Vor dem Abschiednehmen drückte ich ihm noch länger die Hand und fragte ihn, ob ich den Freunden und Bekannten einen Gruß übermitteln dürfe, und was ich ihnen sagen solle.

Da sagte er langsam, aber sehr bestimmt: »Ich bin gewiß ... daß nichts mich scheiden kann ... von der Liebe Gottes – in Jesus Christus.«

Das war ein gewaltiges Vermächtnis unseres Freundes. Vor neun Jahren hatte er diesen Weg der Nachfolge beschritten, von dem acht Jahre von Krebs gezeichnet waren. Und dennoch war er sich der Liebe Gottes gewiß.

19. WENN PLÖTZLICH BARRIEREN AUFKOMMEN ...

Keiner wird verschont davon, daß es im Leben immer wieder Barrieren gibt, die uns den Weg versperren. Die hartnäckigsten darunter sind die zwischenmenschlichen Barrieren. Da reden wir uns gern ein, die andern seien schuld. Eigentlich wollte ich ..., aber der andere ist uns im Wege.

Als ich 17 Jahre alt war, erlebte ich in der Schule eine Durststrecke. Ich hatte mich einige Wochen lang für Dinge interessiert, die nichts mit der Schule zu tun hatten. Es gab eine Kollision mit den Forderungen der Schule. Der Leistungsdruck wurde für mich zur bedrückenden Barriere. Ich hatte den Mut verloren.
Wie es so üblich ist, gab ich natürlich den Lehrern die Schuld; es gibt immer Gründe, die man dafür finden kann.

Doch dann kam etwas Unerwartetes. In einer kurzen Pause ging ich, in Gedanken versunken, durch die Flure, als mir jemand von hinten den Arm auf meine Schulter legte. Ich drehte mich um — es war der Leiter unseres Gymnasiums. Er hatte Autorität, er war einer, der nicht gern viele Worte machte.

Jetzt sah er mir in die Augen und sprach mich freundlich an. Ob ich Sorgen hätte wegen der Schulnoten? Ob es sein könne, daß ich das Vertrauen verloren hätte? Und dann kam es: »Aber ich vertraue Ihnen ... und weiß, daß Sie das Ziel schaffen werden, schneller als Sie es für möglich halten.«

Da war die Barriere durchbrochen, die mir unüberwindbar schien. Es waren nicht nur die Worte, die das bewirkten. Sein Vertrauen gab mir neuen Mut.

Immer wieder werde ich an diese Begegnung erinnert. Zwei Dinge sind mir seitdem wichtig geworden:

Zum einen die besondere *Bedeutung der persönlichen Ermutigung;* wir können sie nicht hoch genug einschätzen.

Zum andern die *freiwillige Korrektur,* die ich durch den Zuspruch erfahren habe.

Bis dahin hatte ich gemeint, andere blockierten meinen Weg. *Jetzt wurde mir klar: meine Sicht war falsch, ich blockierte mich selbst.*

Es ist nicht auszudenken, wieviel auch eine kurze Begegnung von Mensch zu Mensch bewirken kann, wenn wir uns persönlich einbringen und andere ermutigen statt korrigieren.

Vielleicht erleben Sie heute eine Barriere, die Ihnen die Zukunftsperspektive nimmt? Viele sind durch berufliche Erschütterungen verunsichert. Andere erleben ihre Barriere in der Beziehung zum Vorgesetzten oder zu den Kollegen.

Könnte es sein, daß unser Urteil vorbelastet ist, und unser Blick — gerade gegenüber vermeintlich Andersdenkenden — einer Korrektur bedarf? Vielleicht ist der andere gar nicht so anders, sondern es scheint nur so? Dann könnte die Beziehung zu ihm mühelos entkrampft werden und neue Ermutigung für beide Seiten aufkommen.

Hier wird deutlich, wieviel es für unsere zwischenmenschlichen Beziehungen bedeuten kann, wenn wir mit Gott vertrauensvoll kommunizieren können. Wenn wir täglich von ihm Vergebung und Ermutigung empfangen, sollten wir dann nicht das Empfangene großzügig weitergeben?

20. UNTER ERWARTUNGSDRUCK

— Aus den Briefen eines Studenten —

Student: »Am Telefon ist es mir schwergefallen, über meine Zweifel zu reden und sie Dir zu beschreiben. Ich danke Dir für die Direktheit Deiner Frage. Ich habe immer das Gefühl, daß überzeugte Christen von mir auch erwarten, daß ich überzeugt bin. Ich bewundere sie, aber einige stehen nur da mit Arroganz oder lassen kein gutes Haar an anderen. Wieso gibt es so viele Gruppen, die sich nicht gegenseitig akzeptieren können?«

Antwort: »Danke, daß Du mich Anteil nehmen läßt an Deinem Denken, Deinen Fragen und auch Zweifeln! Es tut sehr weh, wenn einer, der an Gott glauben will, alles in Frage gestellt sieht durch manche, die sich Christen nennen.

Da ist es etwas Befreiendes, wenn man sich klarmacht: ich muß mich nicht abhängig machen vom Urteil anderer Menschen. ›Ihr seid durch Christus teuer erkauft; werdet nicht der Menschen Knechte!‹ 1. Korinther 7, 23. Das macht mir die Gute Nachricht so vertrauenswürdig, daß wir uns darin wiederfinden — so ichbezogen, wie wir leider von Natur aus sind und wie wir uns nicht gern selber sehen.

Wenn es das Wesen aller Religionen ist, uns dem fordernden Gott gegenüberzustellen, so führt dies buchstäblich zur Pleite; d. h. die Forderungen können nicht erfüllt werden. Jesus dagegen will uns das geben, was wir brauchen, um leben zu können. Er will uns so umgestalten, daß Gott an uns Freude haben kann — und wir an ihm.«

Student: »Du hast mir mit Deinem Brief an einem wesentlichen Punkt weitergeholfen. Meine Zweifel an Gott kommen von Zweifeln an den Menschen. Und das verdunkelt meinen Blick auf Gott. Was meinen Blick wieder erhellt, ist das morgendliche Lesen in der Bibel, das ich jetzt wieder eingeführt habe. Das tut so gut, weil kein Mensch zwischen mir und Gott in diesen Augenblicken steht.«

21. »KEINE ZEIT!«

Das Telefon klingelte. Ein Unbekannter meldete sich. Diesmal ging es um den Informationsbrief XY. Ungefragt bekam ich ihn regelmäßig zugestellt. Ich schenkte ihm wenig Beachtung. Dafür hatte ich einfach keine Zeit ...

Doch mein Anrufer brachte es fertig, meine ganze Aufmerksamkeit zu gewinnen.

»Ihre Zeit ist knapp. Deshalb wollen wir Sie nicht länger mit unerwünschten Zuschriften behelligen. Wenn es Ihnen lieber ist, stoppen wir sofort die Sendungen. Eine persönliche Bitte hätte ich, wenn es nicht zu unbescheiden ist ... Können Sie mir sagen, was wir aus Ihrer Sicht besser machen sollten?

Ich stutzte. Es berührte mich angenehm, das kann ich nicht leugnen. Das Problem war nur, ich hatte das Zeug kaum angesehen; so bat ich ihn: »Geben Sie mir etwas Zeit, um auf Ihre Frage antworten zu können! Ich rufe Sie zurück.«

Noch am selben Tag nahm ich mir den letzten Informationsbrief zur Hand und — mit wachsendem Interesse die früheren. Das war ja in der Tat sehr informativ. Wie konnte ich dies nur übersehen haben?

Bei meinem versprochenen Rückruf sprach ich dreifache Anerkennung und meinen Dank aus: für die hervorragenden Informationen, für das freundliche Telefonat und für die Bereitschaft, den Kontakt weiterhin zu halten — jetzt erst recht!

Dies war eine Lektion für mich. Wieviele gute Kontaktmöglichkeiten werden nicht genutzt, weil zu wenig zurückgefragt wird, um die Aufmerksamkeit des Empfängers neu zu wecken!

Die Gute Nachricht von Christus spricht heute Menschen an, bringt sie zum Nachdenken. Aber Voraussetzung ist: *die Übermittlung muß stimmen.*
Das Angebot muß auf die Nachfrage ausgerichtet sein.

— Das *Angebot* der Guten Nachricht braucht einen Menschen, der sich für den Empfänger interessiert, sich in seine Fragen und persönlichen Bedürfnisse eindenkt.

— Ist die *Nachfrage* nach Guter Nachricht beim Empfänger erkennbar? Ist er interessiert, ist er aufgeschlossen für Gott und sein Wort? Oder gibt es Vorbehalte, die zunächst Berücksichtigung finden sollten?

Frank Buchman (1878-1961), der Pionier eines weltweiten geistigen Aufbruchs, wies überzeugend darauf hin, wie wichtig es sei, »auf die leise Stimme des lebendigen Gottes zu hören« und nicht Versammlungen, sondern das *Gespräch von Mensch zu Mensch in den Mittelpunkt* zu stellen. Von ihm ist auch das denkwürdige Wort:

>»Wenn der Mensch horcht, spricht Gott.
>Wenn der Mensch gehorcht, handelt Gott.«

22. DIE ZWEI SEITEN EINER MÜHSAMEN KOMMUNIKATION

— *Situation 1.* Herr Arnold, Leiter einer Gesamtschule, tritt jeden Morgen mit neuen Vorsätzen seine Arbeit an, aber kehrt jedesmal mit Verärgerung und Frust nach Hause zurück. Seine Frau versucht immer wieder, Anteil zu nehmen an den Enttäuschungen über das abnehmende Interesse und die zunehmende Gewaltbereitschaft vieler Schüler. Sie ist bemüht, ihm immer aufs neue Mut zuzusprechen; aber auch sie ist mal am Ende.

— *Situation 2.* Beide lassen sich von einem freundlichen Nachbarsehepaar namens Kroll zu einem Vortragsabend einladen, an dem es in geselliger Runde die Möglichkeit gibt, bei einem Gläschen Wein die Sorgen zurückzulassen und sich von neuen Gedanken anregen zu lassen.

— *Situation 3.* Am Abend des Treffens grüßt man sich und sucht sich schließlich seinen Platz, Krolls und Arnolds am selben Tisch. Frau Arnold steht spürbar unter Spannung; sie wünscht ihrem Mann so sehr, daß durch irgendeine Anregung, ein gutes Wort oder eine freundliche neue Beziehung ihr Mann ein Stück Entlastung von seiner schweren Bürde erfährt.

— *Situation 4.* Der Vortrag ging zu Ende; es war kurz und gut, was gesagt wurde. Und wie der Redner am eigenen Beispiel aufzeigte, daß die besten Problemlösungen mit Gottes Hilfe möglich sind — das ging zu Herzen. Das war das Wort für ihren Mann, denkt sie.

— *Situation 5.* Es kommt zum Austausch über das Gehörte. Herr Arnold bestimmt zunehmend das Gespräch durch bissige Sticheleien über die »wenig fundierten Aussagen«. Er reibt sich daran, daß von dem Schöpfer und seinen Geschöpfen gesprochen wurde. »Erstens glaube ich als Evolutionist nicht an den Schöpfer. Zweitens kann ich an den Geschöpfen, mit denen ich zu tun habe, nicht viel Gottähnlichkeit feststellen.«

Dieser Hieb saß. Frau Arnold ist beschämt und ratlos. Sie will jetzt nichts sagen, das könnte alles nur noch schwieriger machen. Herr Arnold ist zufrieden, daß man sich bis zum Abschluß des Abends mit seinen Argumenten herumschlägt. Wenigstens einmal ein Auditorium, von dem man respektiert, fast gefürchtet wird.

— *Situation 6.* Als sie zur Garderobe gehen, empfindet Frau Arnold Bedauern über den Verlauf des Abends. Ihr Mann brauchte doch gerade dieses Wort. Warum ließen sie es alle zu, die mit am Tisch saßen, daß ihr Mann sich so in Szene setzte mit seinen grauen Theorien? Merkte denn keiner, daß er selbst nicht mehr davon überzeugt ist?

»War ich nicht gut heute abend?« fragt Herr Arnold seine Frau. Sie schweigt traurig.

— *Situation 7.* Beim Verabschieden kommt Frau Kroll herzlich auf Herrn Arnold zu, nimmt ihn unterhakend etwas zur Seite und spricht ihm leise etwas zu. Es scheint ihn nachdenklich zu stimmen.

— *Situation 8.* Zu Hause fragt ihn seine Frau danach. Erst schweigt er, dann wiederholt er das, was ihm beim Verabschieden gesagt worden war: »Auch wenn die Evolutionstheorie beweisen will, daß es Gott nicht gibt — ich habe unsagbar viel Gutes von ihm erfahren.«

Herr Arnold muß eine kleine Pause machen, er ist sichtlich bewegt. »Dann sagte sie noch, sie würde gern für mich beten. Wenn ich einverstanden bin. So wie sie Gott kennt, habe der schon die besten Lösungen in Reserve — für mich selbst und für alle meine Schüler.«

B. DENKANSTÖSSE

In den vorigen Kapiteln wurde von Begegnungen berichtet, die zunächst schwierig schienen und dann doch meist zu einem verständnisvollen Ausklang führten.

Dabei habe ich erfahren: *die »Andersdenkenden« sind nicht immer so anders.* Es ist für mich gut, öfter den Blickwinkel der anderen einzunehmen, um sie besser verstehen zu können.

Im folgenden will ich Sie, lieber Leser, zu einem Gespräch einladen, um über die angesprochenen Fragen weiter nachzudenken.[*] Dabei steht mir ein Bild vor Augen:

Wir sitzen im kleinen Kreis von Gleichgesinnten in einem behaglichen Nebenraum eines Restaurants und sprechen uns über die nachfolgenden »Denkanstöße« aus. Da die Tür einen Spalt offensteht, können auch einige Außenstehende im Vorraum mithören. Was wir zu besprechen haben, sind Themen für Insider, für die, die drinnen sind. Wir wollen sie aber in einer Weise und in einer Tonart ansprechen, daß auch der eine oder andere Outsider, der »draußen vor der Tür« steht, sich angesprochen fühlen kann.

Vielleicht erkennt er sogar rascher als mancher Insider, *wie überraschend gut die Gute Nachricht ist.*

---

[*] Zu den folgenden Kapiteln kann jeweils das entsprechende Kapitel des Abschnitts A nochmals gelesen werden; es wird dann manches deutlicher.

1. UM VERTRAUEN WERBEN – ABER WIE?

In unserer Wohnung war ein technischer Defekt aufgetreten. Es war ärgerlich, denn wir hatten eben erst eine Generalüberholung teuer bezahlt. Wieder mußte der Kundendienst gerufen werden, und wieder kam eine Rechnung, mit der ich so nicht gerechnet hatte. Gut, daß auf dem Rechnungsformular der kundenfreundliche Doppelsatz zu lesen war: »Waren Sie mit uns zufrieden — sagen Sie es anderen. Wenn nicht, sagen Sie es uns!«

Ich lasse mich gern von solcher Werbung ansprechen, wo man nicht nur Worte macht, sondern sich selbst in die Pflicht nimmt. Also rief ich den Firmenchef an, voller Optimismus, daß man sich irgendwie in der Mitte einigen könne. Aber er ließ mich abblitzen.

Er zeigte keinerlei Verständnis, sondern polterte los, daß er dann ja gleich Konkurs anmelden könne ... Das wollte ich dann doch nicht und gab nach. Das Ergebnis: er hatte einen Kunden verloren, und ich hatte mal wieder eine Erfahrung gewonnen. Verständigung ist nicht immer machbar. Eigentlich weiß ich es schon: die Geschichte lehrt es. Aber im Alltag muß es immer neu erfahren werden: Verständigung setzt den Willen beider Seiten voraus.

Ein anderer Gedanke beschäftigte mich noch länger. Warum werben viele mit großen Worten, die doch nicht eingehalten werden können? Es gibt dann nur *doppelte Enttäuschung*.

Lehnen sich nicht zuweilen auch Christen etwas weit »aus dem Fenster« mit Verlautbarungen und Sprüchen, die mehr Abstumpfung bewirken als Aufmerksamkeit, mehr Enttäuschung als Ermutigung? Werbung darf nie Ersatz sein für das wichtige persönliche Gespräch.

Unter Christen gibt es eine schweigende Mehrheit. Traditionelles Vorbild in der Gemeinde: Einer redet, die anderen schweigen.

Noch schwerwiegender ist es, daß im Berufsleben und in nachbarschaftlichen Beziehungen zu viele Laien-Christen *entweder schweigen – oder predigen...*

Kommunikation ist gestört.

Monologe erreichen selten das **Herz** des anderen, sie schaffen Distanz und den erhabenen »Podest-Charakter«.

- Lehre
- Moral
- Werbung

- Wünsche
- Bedürfnisse

Die Anteilnahme an den persönlichen Wünschen und Bedürfnissen schafft ein Klima der Verständigung.

> »Die Leute des Christus sind dazu aufgerufen, in einer kalt und kälter werdenden Umwelt etwas von der Wärme des Evangeliums auszustrahlen und weiterzugeben.«
>
> Paul Deitenbeck

2. WIE BEGEGNE ICH DEM ANDERN VERSTÄNDNISVOLL?

Die Kommunikation kann auf zwei Ebenen erfolgen.
Auf der Sach-Ebene vermitteln wir Informationen und Meinungen.
Auf der Beziehungs-Ebene (persönliche Ebene) sind unsere Wünsche und Enttäuschungen, Bedürfnisse und Gefühle gelagert.
Auf der Sach-Ebene zu sprechen, fällt uns nicht schwer; z.B. über das Wetter, über Beruf und Freizeit, über Politik oder spezielle Sachzusammenhänge etwas zu sagen, setzt meist kein besonderes Verständnis voraus.

Um den andern persönlich verstehen zu können, sollte das Gespräch auf der Beziehungs-Ebene gepflegt werden.

Wie denkt der andere? Was sind seine Fragen?

Um ihn verstehen zu können, sollte das HÖREN gefördert, das Reden zurückgenommen werden. Durch kleine verständnisvolle Äußerungen und Gesten kann aktives Zuhören das Gespräch beleben und intensivieren; durch angemessene Rückfragen kann der Gesprächsverlauf behutsam gesteuert werden.

Ungefragte Antworten (Informationen) führen meist zu Ablehnung, Abstumpfung, Verhärtung. Warum wohl?

Wer Gott sucht, braucht — zum Wort Gottes — nicht Vordenker und Lehrmeister, sondern eine Vertrauensbeziehung, *einen Ermutiger*, der ihn in seinen konkreten Fragen behutsam mit Gott in Verbindung bringt.

Die Fähigkeit, sich in andere Menschen einzufühlen (Empathie), ist nicht angeboren, sondern sie kann erworben werden.

3. DIE ABGEKNICKTE ANTENNE

Gibt es nicht auch Menschen, die trotz unseres Bemühens um Verständnis im Andersdenken beharren? Natürlich gibt es diese – und nicht selten. In allen Fragen, wo es um »Gott und die Welt« geht, können wir sehr kontrovers reden und auch denken.

Wenn eine gewisse Vertrauensbeziehung besteht – es muß keine Freundschaft sein, nur ein ehrliches Hören aufeinander – dann kann erlebt werden, wie einzelne nachdenkliche Menschen nach Gott fragen. Aber sie fragen meist nicht hörbar, nicht laut, sondern ohne Worte, für sich allein.

Es gibt also ein stilles Fragen nach Gott. Es ist wie eine Antenne, die Kontakt mit dem Sender braucht und die doch etwas abgeknickt ist. Ein ungestörter Empfang ist nicht ohne weiteres möglich. Doch immerhin – die Antenne ist da.

Wie kann die Antenne neu ausgerichtet werden? Wie können wir den Sender – Gott – orten, ihn neu zu hören bekommen? Dazu brauchen wir einen Wegbegleiter, der selbst schon Erfahrungen gemacht hat mit dem Sender. Der die Stimme Gottes wichtig nimmt und sich in Hörbereitschaft übt, um nicht vorschnell Sender spielen zu müssen.

Wie schnell kann das passieren, daß unsicher vorgebrachte Fragen zu selbstsicher von Insidern beantwortet werden, statt die Fragen aufzugreifen und sie gemeinsam vor Gott zu bringen!

Ein doppeltes Korrektiv ist nötig.

In erster Linie brauchen wir die persönliche Vertrauensbeziehung zu Jesus und die Orientierung an ihm. »Kommt zu mir, ich will euch die Last abnehmen!« sagt er (Matthäus 11, 28 Gute Nachricht). »Stellt euch unter meine Leitung und lernt bei mir, dann findet euer Leben Erfüllung.«

Das andere Korrektiv kommt durch die *Öffnung nach außen.* Wenn wir uns nicht öffnen für die Menschen draußen, für ihr Denken, ihr Wünschen und Fragen, dann haben wir ihnen auch zu Recht nichts zu sagen.

Der profilierte englische Missionstheologe John Stott spricht von der *Notwendigkeit des »doppelten Hörens«:*

Intensives Hören auf das Wort Gottes und dann intensives Hören auf die Stimmen der Gesellschaft, um dieses Wort richtig sagen zu können.

Sind wir dazu bereit?

4. WIE SIEHT ES DER ANDERE?

Begegnungen werden für uns erst richtig interessant, wenn wir uns die Mühe machen, die einzelnen Schritte aus der Sicht des Andersdenkenden zu bedenken. Ich bat meinen Freund, mit dem ich das denkwürdige Gespräch auf der Dienstreise erlebt habe (siehe Kapitel A 4), einige Gedanken aus seiner Sicht zu bringen. Hier sind einige seiner Aspekte:

— Gezielte Kommunikation erfordert immer, sich ein gutes Stück in den anderen Menschen hineinzuversetzen, ein gutes Stück Weg in seinen Schuhen zu gehen. Von da aus zeigt sich nach meiner Erfahrung, daß in der Regel mein Gegenüber gar nicht »anders« denkt, sondern sich mit dem, was wir weitergeben wollen, überhaupt noch nicht persönlich auseinandergesetzt hat. Er gesteht sich dies aber so nicht ein, sondern reagiert, argumentiert und diskutiert quasi aus der »Hutschachtel«, mit »zufälligen« oder schon einmal gehörten, aber immer stereotypen Positionen.

— Gut gemeinter Widerspruch oder Korrekturen führen dann fast zwangsläufig in die Verteidigung einer »Nicht-Position« mit Verhärtungen und absehbarem Gesprächsende.

— Glaubensfragen werden immer — man mag es bedauern — dem persönlichen Intimbereich zugeordnet. Hier sind Schutzzonen oder ganze Bollwerke aufgebaut.

— Wir können und dürfen in den ersten Gesprächen nicht mehr wollen, als die Menschen zum Denken und Fragen anregen. Mit unserem oft zu wohlfeilen, meist auch noch kanaanäisch vorgetragenen Denk-, Erfahrungs- und auch Informationsvorsprung schütten wir viel zu. Dazu Helmut Thielicke: »Warum immer mit Scheinwerfer blenden, wo doch Kerzenlicht ausreicht?«

— Der andere sollte selbst entdecken und zu eigenständigem, nicht vorgegebenem oder gar entmündigtem Denken und Fragen kommen. Nur daraus kann sich eine Öffnung für die Botschaft entwickeln.

— Es muß davon ausgegangen werden, daß sich die Fragen nach Gott und Glauben nicht von allein auftun. Erkennen der Sündhaftigkeit, Furcht vor Gott, Umkehr, Bedeutung des Kreuzes gehen unter in den Anforderungen der Welt: »Wenn ich erst dies und jenes erreicht habe«, Vorfreuden und Sorgen ... immer sehen wir nach vorn. Dabei ist fast alles ungewiß, was wir ersehnen. Nur der Tod ist für alle sicher.

5. DIE ANDERN –
SIND SIE SO ANDERS?

Ja und nein. Zunächst ist jeder anders. Das ist ja gerade das Reizvolle an einer Begegnung. Aber es hat auch seinen Preis. Es kann eine Beziehung befruchten, aber auch belasten. Der Andersdenkende erscheint manchmal sogar interessanter, anregender für uns als der Gleichgesinnte – solange er etwas weiter weg von uns ist. Je näher er uns rückt, in der kollegialen Beziehung, in der Freundschaft oder gar in der Ehe, um so mehr wird die Unterschiedlichkeit der Ansichten und der Charaktere nicht nur als interessant, sondern auch als Sprengkörper empfunden.

Auf der anderen Seite sind die Menschen, die uns begegnen, nicht so sehr anders, wie wir oft meinen. Zumindest in einer gewichtigen Frage. In unserer Einstellung gegenüber Gott sind wir von Natur aus ähnlicher, als wir es oft zugeben. Jesus zeigt es im Gleichnis von den beiden verlorenen Söhnen (Lukas 15): Es gibt Menschen, die, wie der jüngere Sohn, ihr Leben lieber ohne Einmischung Gottes selbst bestimmen wollen. Und es gibt andere, die sich einigermaßen an seine »Hausordnung« halten, wenigstens der Form nach, doch eigentlich auch lieber frei von allen Vorschriften wären.

Das ist der Punkt der *Identifikation*, den wir im Gespräch mit den Andersdenkenden nicht verfehlen dürfen. Das *Leben ohne Gott* – ist es denn nur ein Problem der anderen? Kenne ich nicht auch das Problem, wie sehr meine Gedanken zuweilen eigene Wege gehen, wie ich meine Wünsche und Erfolgserlebnisse pflege — und auf einmal entdecke ich, Gott habe ich außen vor gelassen ...!

Ja, wenn Jesus nicht wäre, gäbe es keine Hoffnung für Menschen wie mich. Und weil er mir vergibt, habe ich kein Recht, mich von andern abzuheben.

Es gibt noch einen *weiteren Punkt der Identifikation*. Menschen haben oft mehr *verborgene Sehnsucht nach Gott*, als wir zunächst erkennen können. Mit dieser Sehnsucht im andern wollen wir uns identifizieren.

Als Paulus um das Jahr 50 n.Chr. in die Metropole Athen kam, war er »im Innersten betroffen, weil die Stadt voll von Götzenbildern war« (Apostelgeschichte 17/Gute Nachricht); aus seiner Sicht vollkommen verständlich. Aber aus Sicht der Athener wäre es ein abwegiges Unterfangen gewesen, in dieser Einstellung eine Botschaft zu vermitteln, die beansprucht, Gute Nachricht zu sein.

Wenn Gott uns als Brückenbauer gebrauchen will, dann will er durch uns eine freundliche, verständnisvolle Verbindung zu dem andern Menschen schaffen. Wenn jemand sich von den Outsidern abheben wollte, würde die Gute Nachricht wie Hohn empfunden werden müssen.

Wir erfahren bei Paulus, wie wir mit unseren Schockerlebnissen umgehen können, die uns heute auf dem säkularen Feld nicht erspart bleiben. Als es zu der entscheidenden Ansprache auf dem Areopag kommt, ist nichts mehr von Ärger und Ablehnung zu spüren.

»Ich habe wohl gemerkt, daß ihr die Götter hoch verehrt«, so beginnt er voller Respekt. Er blickt nicht auf ihre Andersartigkeit, sondern auf ihre Sehnsucht.

Daraus können wir lernen:

* Es gibt einen Schlüssel für den Brückenschlag zu Andersdenkenden: Ich brauche mich nicht abzuheben von den andern. Wenn sie sich gottlos geben, dann wird es mich schmerzen, aber auch ich kenne dieses Problem. Deshalb braucht der andere genauso wie ich den großen Therapeuten Jesus.

* Der andere Schlüssel liegt in der Tatsache, daß Gott jedem Menschen ein Gewissen gegeben hat, eine Antenne, die auf den Sender Gott ausgerichtet ist (z. B. B 3). Diese Antenne kann zwar umgebogen oder abgeknickt sein. Aber es ist nicht − nichts da.

* Gott allein kann Menschen verändern. Wir können es nicht und wollen es auch nicht. Vielmehr brauchen wir täglich seine verändernde Kraft, damit andere nicht durch uns in ihrer Sehnsucht gebremst, sondern ermutigt und gefördert werden.

6. AN NACHFRAGE FEHLT'S NICHT – DAS ANGEBOT IST DAS PROBLEM

Das würden sich viele Unternehmer wünschen: unausgeschöpfte Nachfrage für ein kleines, aber gutes Angebot.

Aber auf geistlichem Gebiet ist das Wirklichkeit. Statistisch sind es rund fünf Prozent, die regelmäßigen Kontakt zur Gemeinde haben. 95 Prozent leben in Distanz, sind noch unentdecktes Nachfragepotential.

Viele von ihnen könnten gewonnen werden, wenn...

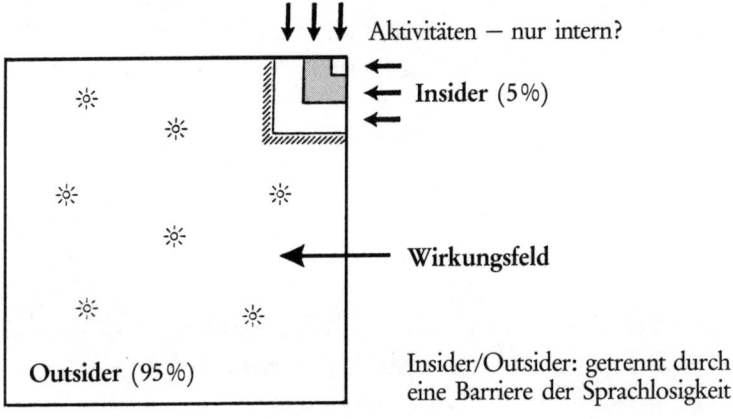

Das Mißverständnis: Die Mehrheit der Laien konzentriert ihre Aktivitäten auf das kleine Lager der (oft satten) 5 % Insider. Doch die große Nachfrage der geistlich unterernährten Menschen (95 %) – wer kümmert sich um sie? (Römer 15, 20)

Wir unterschätzen die Gute Nachricht. Warum?

1. Im Lager der Outsider dominiert die Enttäuschung an Christentum, an Institution und an Repräsentanten.

2. Aber die Nachfrage nach Gott, das Interesse an Christus — ist es nicht — latent — vorhanden?

3. Die vitalen, tiefen Bedürfnisse der Menschen werden nicht gern auf dem Markt der Meinungen verhandelt; sie brauchen eine **Atmosphäre des Verstehens.**

> *»Wir mögen die Menschen, die frisch heraussagen, was sie denken —*
> *sofern sie so denken wie wir.«*
>
> Mark Twain

7. IMMER NUR LEISE TÖNE?

Man kann durchaus darüber diskutieren, ob bei jeder Begegnung soviel Zeit aufgewendet werden kann, um den andern zutiefst zu verstehen. Es gibt ja auch schwierige Partner, die einfach das beidseitige Verständnis nicht wollen.

Schließlich gibt es zahllose Gründe, die ein gutgeführtes Streitgespräch nicht nur erlauben, sondern geradezu notwendig machen.

Es wäre falsch, den Eindruck erwecken zu wollen, als ob immer die leisen, sanften Töne an der Tagesordnung wären, gibt es doch genügend Menschen, die auch mal deutlich und laut werden wollen und dies dann auch zu rechtfertigen verstehen.

Doch die Tatsache läßt sich nicht leugnen: je schwächer eine Überzeugung ist, umso lautstärker wird sie verfochten. Eine souveräne Persönlichkeit hat es in der Regel nicht nötig, laut zu werden oder übertrieben starke Worte zu gebrauchen. Sie bevorzugt die leisen Töne, die feinen Differenzierungen, statt der vergröbernden Verallgemeinerungen.

Darum sollten wir Verständnis haben für unzählige Andersdenkende, die mit dem lauten, schrillen Reklamegeschrei sich nicht identifizieren können, das von manchen religiösen Insidern veranstaltet wird. Auch manche gutgemeinten »Zeugnisse« sind zuweilen so extrem abgehoben, daß sie besser in der Stille noch ein wenig ausreifen sollten, bevor sie den »Duft der großen, weiten Welt« suchen.

Es ist aber genauso eine Tatsache, daß wir allesamt nicht gern Kritik einstecken, lieber austeilen. Lernbereitschaft ist heute selten; bei den Insidern ist sie, wie es scheint, besonders knappes Gut.

Ich mußte schon früh meine eigene Erfahrung machen. Während meines Studiums in Freiburg hatte ich als Lehrer u.a. den Wirtschaftswissenschaftler Constantin von Dietze. Seinen Mut hatte er in den geheimen Widerstandsgruppen des 20. Juli 1944 bewiesen. Ich empfand Verehrung für ihn, fachlich und charakterlich.

Bei einem Seminar war mir die Aufgabe zugefallen, das Referat zu halten. Es klappte vorzüglich, nach meiner Auffassung war ich richtig in Schwung gekommen. Mein verehrter Professor von Dietze bestätigte vor den Anwesenden die Richtigkeit meiner Ausführungen, aber nach Abschluß der Seminarstunde gab es noch ein kurzes persönliches Nachgespräch. Er ließ mich wissen, daß ich es eigentlich nicht nötig habe, mit Übertreibungen und starken Worten zu arbeiten. Von ihm lernte ich, daß in der Regel die natürliche Sprache der Situation angemessen und die leisen Töne überzeugend sind.

Zuerst fühlte ich mich verletzt und unverstanden, wollte mich rechtfertigen. Aber dann sah ich seine gütigen Augen hinter der goldumrandeten Brille, und mir wurde bewußt, daß die Selbstdizi-plin, die ich an diesem Mann schätzte, nicht nur von mir bewundert, sondern auch geübt werden sollte.

8. DER ABGERISSENE GESPRÄCHSFADEN

Wenn ein heißes Thema behandelt wird, sollte man es nicht kalt werden lassen. Nach dem Gespräch in der »Bauernstube« (Kapitel A 8) versuchte ich mich in die anderen hineinzuversetzen. Ich zweifle nicht, Gott hat einen Eindruck hinterlassen. Aber kann dies nicht schnell wieder verdrängt werden? Durchaus, aber trotzdem wollte ich – an ihrer Stelle – mich nicht gedrängt fühlen. Das würde das Gegenteil bewirken. Lieber möchten wir selbst die Initiative behalten und bestimmen, wo und wann ich will. Aber tut man sich gerade darin nicht sehr schwer?

Was tun, damit der Gesprächsfaden nicht abgerissen bleibt? In solchen Stunden bedeutet es mir viel, daß ich alles im Gebet vor Gott bringen kann. Ihm kann ich sagen, wie sehr es mein Wunsch ist, daß meine Gesprächspartner ihn kennenlernen und anfangen, ihm zu vertrauen. Da darf ich auch eingestehen, daß ich mich immer wieder unsicher fühle. Wie können die anderen in unserem Gespräch die Liebe Gottes entdecken, nicht nur richtige Worte? Schließlich darf ich diese Menschen im Namen von Jesus segnen.

Da zeigen sich auf einmal Gelegenheiten zur Fortsetzung des abgerissenen Gesprächs; sie müssen gar nicht an meine Person gebunden sein – im Gegenteil. Aus der Sicht des anderen kann es zwangloser sein, wenn ich das Gespräch nicht an mich binde, sondern wenn ich ihn frage, ob er etwa Interesse an dieser Vortragsveranstaltung hat oder an jener Gesprächsgruppe oder auch an einem bestimmten Buch?

9. SAG MIR, WAS DU DENKST

Das könnte ein *Schlüssel für gewinnendes Sprechen* sein: nicht vorschnell den andern mit den eigenen Ansichten beeindrucken wollen, sondern *erst hören, was er denkt!*

Das ist nicht selten die Kritik an den Insidern: man gebe sich zu selbstsicher, zu glatt. Viele stört die Vorliebe für das Vorprogrammierte, das Ritual. Es werden Sprüche zitiert, wo das Leben gefragt ist. Oft wird durch gutgemeinte Sprüche gerade das erreicht, was man nicht wollte — die Abstumpfung.

Müssen sich die Gläubigen so sehr von den anderen abheben? Der Name »Christen« wird erstmals in Antiochia ca. 46 n.Chr. erwähnt (Apostelgeschichte 11, 19-26). Woran konnte man sie erkennen?

— Laien unterhielten sich ganz natürlich über Jesus — gerade auch mit Outsidern. »Sie brachten die Gute Nachricht von Jesus, dem Herrn«, so heißt es (statt: »sie predigten« 19, 20).

— Viele Outsider faßten Vertrauen zu Jesus (21)

— Eine befreiende Atmosphäre der Gnade Gottes wurde erlebt, mit viel Freude.

— Auch in der Folgezeit ließen die ersten Christen durch Freude und Liebe die Umgebung aufhorchen. Durch Zuverlässigkeit und Fleiß erwarben sie Vertrauen. Durch Mut in der Bekenntnissituation gewannen sie Respekt. Es war nicht gemacht, nicht Routine — ihr Glaube war im Leben erkennbar, und ihr Leben war ohne ihren Christus-Glauben nicht mehr vorstellbar.

Wie können wir dies heute auf unsere Verhältnisse übertragen?

_____

_____

_____

_____

»Ein Bekenntnis ... von der Kanzel herab ist oft weder eine sehr große, mutvolle Leistung noch von großer Wirkung. Viel wichtiger und viel tiefer geht ... das Wort, das dem freien Gespräch in gewöhnlicher Geselligkeit entfließt.«

Johann Christoph Blumhardt (1805-1880)

Grünflächen der Liebe

Für unsere Beziehungen zu andern ist nicht nur entscheidend, was wir sagen, sondern wie wir es sagen und wie wir uns selbst in die Beziehung einbringen. Paul Deitenbeck spricht von »Grünflächen der Liebe«, die wir mitten unter unseren Mitmenschen anlegen können, durch freundliche Aufmerksamkeiten und liebevolle Gespräche. Er sagt dann auch:

»Es sind die Begegnungen mit Menschen (darf man sagen: mit Menschen Gottes?), die unser Leben in erster Linie bestimmen ... Gott kommt durch Menschen in die Welt.«[*]

[*] Paul Deitenbeck, Die siebte Meile der Barmherzigkeit, Hänssler Verlag, Neuhausen, 1988

Daß Humor auch dazugehört, um eine schwierige Beziehung zu entkrampfen, das zeigt P. Deitenbeck in einer kurzen Erzählung über den Evangelisten Samuel Keller (1856-1925): »Er besaß die Gabe, von den Gotteserfahrungen in seinem Leben so plastisch zu berichten, daß viele Menschen dadurch angesprochen wurden ...

Eines Tages ... beschwerte sich eine Dame mit den Worten: ›Herr Pastor, das ist aber doch anstößig; zehn Prozent Ihres evangelistischen Vortrags bestanden aus Scherzen‹. Keller soll der entsetzten Dame geantwortet haben: ›Sie werden sich wundern, liebe Frau, die restlichen 90 Prozent mußte ich unterdrücken.‹«[*]

---

[*] Kurt Heimbucher (Hrsg.), Aus Hoffnung leben, Brunnen Verlag, Dillenburg, 1988

10. KOMMUNIKATION – NICHT UNTER DRUCK!

Der Andersdenkende soll im Gespräch nie unter Druck gesetzt werden. Auch wenn er ablehnt, will ich ihn respektieren und einen freundlichen Abschluß des Gesprächs suchen.

Wir müssen Andersdenkende nicht zum Glauben überreden, wir können es auch nicht. Auf ihren freien Willen kommt es an. Gott allein kann durch seinen Geist Menschen überzeugen (Joh 6, 44).

Wir sind lediglich Kommunikatoren, Brückenbauer. Gott läßt dem Menschen die *freie Entscheidung* und nimmt ihm die Verantwortung dafür nicht ab.

Die stressige Vorstellung: »Ich müßte . . .«, »der andere sollte . . .« — wir können sie abgeben, Jesus will uns davon freimachen.

Von Jesus sollen wir lernen (Mt 11, 29):

— Den Suchenden ist Jesus gern entgegengekommen.

— Ihren Fragen hat er keine voreiligen dogmatischen Antworten entgegengesetzt. Er hat sie zum nächsten Schritt ermutigt: »Kommt und seht!« (Joh 1, 39)

— Er konnte Einwände anhören, und er schenkte viel Verständnis für die tiefen, verborgenen Fragen. (Joh 3, 4-5/4, 11-14/8, 10-11)

— Das Gespräch mit ihm empfanden Menschen als »warmherzig« (Lk 24, 13-32) und ermutigend.

Andere Beispiele?

Ich muß nicht stark sein. Missionarische Kommunikation setzt mich nicht unter Druck, aber auch den Gesprächspartner nicht.

11. SIND WIR LERNBEREIT?

Wenn wir das Erscheinungsbild der Christen prüfen, dann fällt uns ein eklatanter Gegensatz auf zwischen

a) der Insider-Auffassung von ihrem positiven Lebensstil und ihrer vermeintlichen Attraktivität für andere – und

b) der Outsider-Auffassung vom Gegenteil.

Zunächst wissen wir von der empirischen Gruppenlehre, daß jede Gruppe dazu neigt, sich weniger von außen korrigieren, als sich von innen durch das Wir-Bewußtsein bestätigen zu lassen.

Christen – wie sie von anderen gesehen werden...

	Stimmt?	Wie sollte Korrektur aussehen?
Absonderung		
Monolog statt Dialog		
Dogmatismus/Rechthaberei		
Mehr Verurteilung als Verständnis		
Vorliebe für glatte Antworten		

...und wie sie sein sollen:

Jesus Christus ist einzigartig: in ihm nahm Gott menschliche Gestalt an. Er will auch heute dem Menschen in seinen tiefsten Bedürfnissen begegnen.

Welche **Konsequenzen** hat dies für unsere Beziehungen in Beruf und Freizeit?

Werbung oder Gespräch?

Können Kontakte zu Andersdenkenden durch Werbung gefördert werden? Vor jeder größeren christlichen Veranstaltung, die sich an Außenstehende wendet, gibt es Stimmen, die professionelle Werbung fordern, um den Einladungen den erwünschten Nachdruck zu verschaffen.

Braucht die christliche Botschaft nicht grundsätzlich viel mehr Öffentlichkeitswerbung, um die notwendige Aufmerksamkeit und auch Glaubwürdigkeit wiederzuerlangen? Als Marketing-Berater möchte ich in Kürze einige Erfahrungssätze wiedergeben, die weithin nicht bekannt sind:

1. Professionelle Werbung bewirkt viel weniger, als ihr meist zugetraut wird.

2. Normalerweise beeindruckt sie vorwiegend diejenigen, die schon vorher überzeugt (Kunden) oder Sympathisanten sind (Nachfragelenkung).

3. Wer noch nicht überzeugt bzw. Kunde ist, läßt sich durch noch so massive Werbung nur ungern manipulieren (Nachfrageweckkung). Auch beim Normalbürger gibt es entsprechende Abwehrmechanismen, z. B. Abstumpfung.

4. Vielleicht fragen Sie: Warum wird dann trotzdem Werbung gemacht und teuer bezahlt? Weil im Rahmen der bereits vorhandenen Nachfrage interessante Umschichtungen der Marktanteile möglich sind. Der Raucher läßt sich durch Werbung beeindrukken, der Nichtraucher kaum.
   Den Insidern verschafft die kirchliche Werbung eine Stärkung des Wir-Bewußtseins, den Außenstehenden oder den Austrittswilligen bestätigt sie nur kritisches Outsider-Bewußtsein.

5. Im übrigen ist Werbung eine Art Imponiergehabe gegenüber der Gesellschaft, in der Wirtschaft genauso wie in der Politik. Es soll Eindruck gemacht werden, in der eigenen Gruppe und nach draußen. Aber gerade dort wirkt dies meist nicht gewinnend, sondern eher hemmend.

6. Um Bedürfnisse zu wecken, die nicht oder nur latent (=verborgen) vorhanden sind, kann Werbung wenig beitragen. Einfühlsamere und auf die persönliche Situation ausgerichtete Schritte sind hier notwendig.

Beispiele: Wecken von Begabungen oder sozialen Rücksichten, charakterliche Bildung und Pflege von Verantwortungsbewußtsein, Interesse an aktivem Sport, an Kunst und Musik, Pflege von unterstützungsbedürftigen Menschen, Verantwortung für die Schöpfung und vor dem Schöpfer — dies alles wird durch Werbe-Appelle nicht gefördert; eher geschieht das Gegenteil: Das oft zarte Interesse wird durch vorgeformte Sprüche plattgewalzt.

Welche Konsequenzen könnte dies gerade für das anspruchsvolle Thema »Christlicher Glaube« haben?

12. WIE BEKOMME ICH DIE KURVE?

Wie kann ein Gespräch vor Oberflächlichkeit bewahrt werden?
Wie bekomme ich *die Kurve zu wesentlichen Fragen?* Folgende Ziele
können sich — nacheinander — entfalten:

1. Ziel: Der/die andere soll zu Wort kommen, nicht nur ich.
(Im stillen Gebet kann ich die Beziehung vor Gott bringen.)

- Wie denkt mein Gesprächspartner?
- Wie kann ich Verständnis zeigen, wie Identifikation oder
  einfach Respekt?

2. Ziel: Wie können wir in dieser Frage weiterkommen?

- Wie kann ich diese Frage mit Gott in Verbindung
  bringen?
- Wollen wir bei nächster Gelegenheit einen Blick in die
  Bibel tun?
- Oder was steht dem möglicherweise entgegen?
- Wenn der andere nicht will, sollte ich dies respektieren.

**3. Ziel: Wenn er will, soll mein Gesprächspartner Gelegenheit
bekommen, selbst Entdeckungen in Gottes Wort zu
machen.**

- Und das Größte, das Gespräch mit Gott, er darf es
  probieren, ertasten — und ich kann einfach dabei sein,
  vielleicht einige gedankliche »Stolpersteine« beiseite räu-
  men — und staunen.

13. DEN ANDERN GEWINNEN – OHNE FANGNETZ

In seinem Buch »Kettenreaktion der Freude«[*] empfiehlt Bruce Larson, wir sollten stets beachten, daß wir andere nicht drängen oder gar manipulieren dürfen. Er berichtet: »Ich hatte einmal die großartige Gelegenheit, persönlich den bekannten Schweizer Psychiater und Seelsorger Paul Tournier zu hören. Er erzählte uns etwas vom Geheimnis seines Dienstes. Die Christen hätten, so meinte er, Jesu Worte von den ›Menschenfischern‹ weithin mißverstanden.«

Dann läßt er Paul Tournier selbst zu Wort kommen:

»Schließlich läßt sich niemand gern von einem anderen einfangen. Darum setze ich mich lieber ans Ufer, ohne Netz in der Hand — und genieße die Landschaft. Und die Fische scheinen zu spüren, daß ich sie nicht fangen will. Sie kommen freiwillig zu mir, um über sich und das Leben zu sprechen. Und dann sind plötzlich einige von ihnen von Jesus Christus ergriffen, und ich bin darüber mehr überrascht als sie selbst!«

Larson zieht die Konsequenz: »Es ist wichtig, dann auf dem Posten zu sein, wenn die andern Menschen so weit sind, und nicht nur, wenn wir Lust dazu haben. Die Menschen hungern danach, das neue Leben in Jesus Christus zu finden, und wenn wir zur Stelle sind, wenn sie uns am meisten brauchen, dann sind wir wirklich ›Menschen für andere‹.«

---

[*] Bruce Larson: Kettenreaktion der Freude — Wie wir einander helfen können, freie Menschen zu werden. R. Brockhaus, Wuppertal, 1976.

14. WENN DER ANDERE VON ENT-
TÄUSCHUNGEN GEPRÄGT IST ...

Wir wissen es doch: Um den anderen verstehen zu können, sollte ich ihm auf seiner Ebene begegnen.

Wenn er mir abweisend erscheint, wenn er mir schroff als Andersdenkender begegnet, dann könnte dies eine Anfrage an mich sein, ob ich aus der Liebe Gottes heraus bereit bin, eine »zweite Meile« (Matthäus 5, 41) mit ihm zu gehen. Will ich etwas mehr Zeit und Interesse in ihn investieren, um zu erfahren, ob seine Abwehr möglicherweise mit eigenen Vorbehalten oder mit ungünstigen Erfahrungen zu tun hat?

Wenn der andere enttäuscht ist, dann kann ich ihm am besten auf der Ebene seiner Enttäuschungen begegnen.

Wenn die meisten mit Religion ungünstige Erfahrungen gemacht haben, ist es dann barmherzig, einfach das Gegenteil zu behaupten? Ist es nicht vielmehr geraten, mit den Enttäuschten zu empfinden und gemeinsam zu prüfen, ob angesichts der Enttäuschungen noch Bereitschaft besteht, ein ganz neues Thema anzusprechen: Wie stelle ich mir mein Leben vor — und was sagt Gott in seinem Wort dazu?

Aber der andere kann sich meist erst dann dem neuen Thema stellen, wenn jemand da ist, der mithilft, die *Mülldeponie der Enttäuschungen zu entsorgen* (Lukas 24, 17 ff.).

Diese warmherzige Anteilnahme ist der Echtheitsbeweis für alle, die Brücken zu den Suchenden bauen wollen.

15. ÜBERZEUGEN – DURCH WORT ODER DURCH LEBEN?

Wenn so gefragt wird, scheint die Antwort klar: Natürlich muß das Wort, das uns wichtig ist, im Leben seinen Platz haben, muß dort verankert sein.

Werden aber nicht häufig Worte gemacht, die ihren Sitz nicht im Leben haben, die einfach so dahingesagt werden, um Wirkung zu erzielen und Eindruck zu machen?

Unter der Überschrift »Das anknüpfende Gespräch« gab Otto Riecker, der Gründer des Lebenszentrums Adelshofen, folgendes zu bedenken:

»Die Lebensumstände des einzelnen sind sehr verschieden, und wir müssen diese erst kennenlernen, wenn wir ihm helfen wollen. Auch führt der Weg des Vertrauens immer von außen nach innen, von der äußeren Bekanntschaft zum wirklichen Anteilgeben. Das Vertrauen ist eine sehr wesentliche Voraussetzung für eine Begegnung im Persönlichen.«

Dann weist er darauf hin, wie sehr eine Beziehung belastet werden kann, wenn gezielt und unvermittelt das religiöse Thema angesprochen wird. Er spricht davon, daß »direkte Angriffe und Eingriffe im allgemeinen nicht zum Ziele führen...«

In vielen Fällen liegt nach seiner Erfahrung ein Kurzschluß zugrunde.

»Die Ursache kann ein gewisser ›Wortaberglaube‹ sein, nämlich die Erwartung, daß jedes religiöse Wort oder jeder Bibelsatz schon an sich die Kraft der Wirkung in sich trage...«[*]

---

[*] Otto Riecker, Die seelsorgerliche Begegnung, Brunnen Verlag, Gießen, 2. Aufl. 1986

Beim Gesprächsbeginn empfiehlt O. Riecker, »sorgsam vorzugehen und zu warten, bis sich der richtige Einstieg öffnet... Wo ein Mensch nur so darauf fiebert, mit einem anderen ins Gespräch und aufs Wesentliche zu kommen, merkt dies der andere und verschließt sich:«

›So fühlt man Absicht, und man ist verstimmt.‹ J.W. v. Goethe.

Was wollen wir daraus ableiten? Sind wir bereit, die Begegnungen mit andern neu und mit positiven Erwartungen anzugehen?

Was ist mir wichtig?

- ☐ INTERESSE am Kennenlernen
- ☐ Bereitschaft zum HÖREN
- ☐ VERSTÄNDNIS für andere
- ☐ Vom BLICKWINKEL des anderen aus sehen und sprechen

Manche Insider versuchen, die Inflation der gutgemeinten Worte durch den Hinweis zu rechtfertigen, das Wort Gottes komme laut Jesaja 55, 11 »nie leer zurück«.[*] Doch hier sollten wir genau hinhören, daß diese Verheißung dem Wort gilt, das »aus dem Munde« Gottes kommt. Kann es noch plastischer gezeigt werden, daß *unser Wort-Zeugnis den Atem Gottes tragen soll? Die Liebe muß spürbar sein.*

Das ist es, was mich in guten und auch schweren Zeiten so tief angesprochen hat. Es war zu spüren, daß hinter einem gehörten Wort nicht nur eine bestimmte Absicht eines Menschen stand. Dagegen sind wir in der Regel allergisch. Ich konnte erleben (siehe Kapitel A 15), wie ein Bibelwort oder ein Wort des persönlichen Zeugnisses mich unmittelbar traf, ermutigend oder auch korrigierend. Meine konkrete Situation, meine persönlichen Bedürfnisse wurden angesprochen. Aber ich ließ mich gerade deshalb ansprechen, weil sich niemand mir aufdrängte, sondern die Liebe spürbar war, die hinter dem Wort stand.

---

[*] Eine kleine *Denkübung* für Befürworter von *Aufklebern:* Wie sollten Aufkleber u. ä. gestaltet werden, damit sie nicht nur den Gleichgesinnten gefallen, sondern auch von Andersdenkenden als *anregend und gewinnend* empfunden werden?

16. WIE KANN ICH SIE/IHN VERSTEHEN?

Gelegentlich fällt es uns schwer, andere zu verstehen. Sie machen es uns zuweilen nicht leicht. Da kann es durchaus geboten sein, dem Kontrahenten etwas Einsicht und Kompromißbereitschaft abzuverlangen. Vorschnelle Nachgiebigkeit ist nicht immer die richtige Lösung.

Aber immerhin gibt es eine goldene Regel, die auch in diesen schwierigen Fällen wenigstens versucht werden sollte.

Jesus selbst hat sie vorgegeben: Ich soll den anderen so behandeln (d. h. auch ansprechen), wie ich von ihm behandelt (angesprochen) werden will (Mt 7,12).

Das Gesprächsthema sollte ich **aus der Sicht meines Gegenübers** betrachten und seine Gedanken verstehen lernen.

Argumente verursachen oft Verhärtung. **Einfühlsames Rückfragen** schafft Verständnis und bringt Bewegung in das Gespräch (Joh 9,35).

Was ist wichtig?

A	B
Was ist mir wichtig?	Was ist dem anderen wichtig?

Jedes echte Gespräch hat 2 Seiten

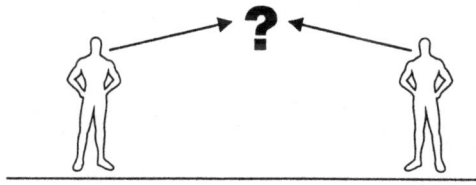

Unterschiedliche
Blickwinkel:

»Wie denken Sie
über . . . ?«

Die normalen Beziehungen in Beruf und Freizeit ertragen meist keine einseitige Einflußnahme (Belehrung, Werbung), wohl aber Anregung und Ermutigung.

Dies kostet allerdings einen Preis: die *Position der Stärke,* von der aus wir so gern agieren, *muß preisgegeben werden.* Kann ich dies, wenn ich nicht weiß, wie der andere mir begegnet?

Hier wird deutlich, wie die Vertrauensbeziehung zu Jesus uns auch in ganz praktischen Fragen weiterhelfen kann. Beziehungskrisen dürfen wir ihm betend vortragen. Wir können seinen Rat aus seinem Wort entgegennehmen. Und wir dürfen ihn um Mut und Weisheit bitten, um den Menschen, die es uns schwer machen, richtig zu begegnen.

Könnte es nicht auch geschehen, daß *die andern, wenn sie Verständnis und Anteilnahme erfahren, hellhörig werden* und anfangen, nach Gott zu fragen und nach seinen Zielvorstellungen für ihr Leben?

17. FRAGEN, ÜBER DIE MAN (NICHT) SPRICHT

Was beschäftigt unser Denken am meisten? Sicher stehen unsere materiellen Wünsche im Vordergrund des Interesses. Ob wir eine Ferienreise nach Teneriffa buchen wollen oder in den Bayerischen Wald, ob jemand französische Küche bevorzugt oder rustikale Kost, ob ein flottes Sportcoupé gefahren wird oder ein wirtschaftlicher Dieselwagen — fast überall und überreichlich haben wir die Wahl.

In den wichtigen geistigen Fragen unseres Lebens gibt es jedoch eine große Lücke. Die Frage nach Frieden und Harmonie, nach Liebe und Glück, nach Sinn und Lebenserfüllung — wie können wir darauf eine gültige Antwort finden?

Hatten wir es uns mit Antworten nicht lange Zeit zu leicht gemacht? Bis in die 70er Jahre hinein gab es unter uns einen stark ausgeprägten Trend, fast eine Art Religionsersatz. Es war der Glaube an Erfolg und materielle Sinnerfüllung. Man war überzeugt, nicht nur sein eigenes Glück, sondern auch eine neue Gesellschaft mit gutgesinnten Menschen bauen zu können. Eine Welt ohne Krieg und Krisen. Es war der naive Traum von einer heilen Welt, von der Machbarkeit aller Dinge.

Dann kam ein unerwünschtes, unsanftes Erwachen. Weltweite Krisen, Arbeitslosigkeit und Interessenkonflikte erschüttern seit Jahren die Menschheit. Es gibt zunehmende Ratlosigkeit unter den Verantwortlichen; trotz gewaltiger Machtpotentiale wächst die Machtlosigkeit, die Probleme der Dritten Welt anzupacken oder die regionalen Krisenherde einzudämmen. Da ist die Angst vor der Unberechenbarkeit des technischen Fortschritts und vor der Zerstörung der Umwelt. Gibt es noch einen Ausweg?

Haben wir die Entwicklung überhaupt noch im Griff? Und bleibt nicht immer, wenn diese Probleme angesprochen werden, gähnende

Frustration zurück? Durch gegenseitige Schuldzuweisungen werden Kräfte verschlissen, statt sie in Problemlösungen zu investieren.

Hier müßten wir neu nach einer umfassenden Antwort suchen. Wer kann überhaupt glaubwürdig Antwort geben auf die vitalen Fragen unserer Existenz? Es gibt nur eine glaubwürdige Autorität:

Gott, der Schöpfer unseres Lebens. Er kann uns sagen, was seine Zielvorstellungen für unser Leben sind. Und er kann uns die nötige Kraft geben, die wir zur Bewältigung der Aufgaben heute brauchen.

Ich erlebe immer wieder, daß Menschen dafür ansprechbar sind. Die Nachfrage nach einem Glauben, der im Leben erfahrbar ist, ist da; die Sehnsucht nach einer starken Geborgenheit in allen Erschütterungen unserer Zeit, sie ist fast überall zu spüren. Nur spricht man nicht darüber, die Nachfrage ist so verschüttet, daß man es verlernt hat, sich natürlich darüber auszusprechen; man hat beträchtliche Scheu davor, empfindet es als so ungewohnt, daß es fast peinlich ist.

Denn die Gute Nachricht von Jesus Christus ist d a s Angebot auf diese Nachfrage. Doch die Christen — sind sie imstande, verstehend mit Menschen zu sprechen, die fragend sind, aber ihre Fragen nicht artikulieren?

Die vielen suchenden Menschen, die keine überzeugenden Christen fanden, ließen sich in die Arme von Sekten treiben. Wer dann immer bei Bhagwan, bei der Esoterik, bei New Age landete, dürfen sie von uns Ablehnung erfahren? Sie waren doch sicher nicht von Anfang an auf Sekten programmiert. Es fehlten einfach die Christusgläubigen, die ihnen mit freudiger Hingabe und mit überzeugender Konsequenz das Vertrauen zu Jesus vorleben sollten.

Noch haben wir eine Chance. Noch haben wir die Möglichkeit, die Menschen in unserer Umgebung neugierig zu machen auf das Gute, das Jesus in unser Leben hineinlegen will.

Dazu ein Wort von Karl Hilty (1833-1909), dem hervorragenden Schweizer Staatsrechtler und Geschichtsforscher:

>>Das menschliche Leben, wenn es einen Zweck
haben will, muß ein ständiges Empfangen und
Wiedergeben der Freundlichkeit Gottes sein.<<

18. WAS IST MIR WICHTIG?

Was die Gewißheit des Christusglaubens bedeutet, erweist sich gerade dann, wenn die Lebenskrisen kommen. Das kann bezeugt werden (Kapitel A 18). Diese tragkräftige Gewißheit sollte nicht erst in schweren Situationen gepflegt werden. Schon in guten Zeiten, in der Blüte des Lebens, will sie erprobt werden. Was ist mir wichtig?

Hat Gott wirklich den ersten Platz in meinem Denken? Was bedeutet mir Jesus Christus? Gebe ich ihm Gelegenheit, auf meinen Tagesablauf einzuwirken?

Wo sollten Prioritäten geklärt werden? Was muß ich ändern, damit ich seine Verheißungen nicht nur im Kopf aufnehme, sondern auch erlebe?

Was bedeutet mir die Gute Nachricht — mitten im Leben?

☐ Jeder denkende Mensch sucht nach Orientierung. Wir brauchen Gott, um Mensch sein zu können.

☐ In Jesus Christus wird Gott begreifbar, seine Liebe wird faßbar. An meiner Beziehung zu Jesus entscheidet sich, ob mein Leben Zukunft hat.

☐ »Glaube« ist somit nicht ein unsicheres (esoterisches) Gefühl, sondern bedeutet VERTRAUEN.

☐ Um vertrauen zu können, ist zuverlässige Information notwendig: Nicht fragwürdige Interpretation oder Sekundärliteratur, die Quelle selbst, Gottes Wort ist gefragt.

☐ Das konkrete Angebot der Guten Nachricht sollte auf die Nachfrage Rücksicht nehmen. Ist der/die andere mit seinen Fragen und Erwartungen für das Angebot aufgeschlossen?
(Ich brauche nicht abzuwarten, sondern kann ihn/sie fragen . . .)

☐ An welchem Punkt meiner Bedürfnisse hat mich die Gute Nachricht angesprochen und überzeugt?

_____

_____

_____

_____

_____

_____

_____

19. WIE KÖNNEN WIR BARRIEREN ÜBERWINDEN?

Jeder, der nach Gott fragt, erlebt ungewohnte Barrieren. Er fragt sich: »Wie kann ich bestimmt wissen ...? Muß ich mich total ändern, muß ich alles mir Liebgewordene aufgeben? Wie kann ich beten lernen, ehrlich mit Gott sprechen?«

Zur Überwindung dieser Barrieren reicht es nicht aus, die Botschaft zu s a g e n, sie will vom andern als »Gute Nachricht« erlebt werden. Er will es am Gegenüber abspüren, daß Gott nicht nur eine Vokabel ist, daß »Gott liebt dich« nicht nur eine Behauptung ist. Er will es irgendwo festmachen, möglichst prüfen, ob dies im Leben nachvollziehbar ist. Dafür braucht er einen Wegbegleiter.

Kommunikations-Barrieren gibt es auf beiden Seiten.

A   **Auf meiner Seite:** Wo sind meine Barrieren?

☐ Scheu vor den anderen

☐ Unsicherheit — wie anfangen?

☐ Weiß nicht, wie der andere denkt

☐ Fühle mich nicht stark genug

☐ _____

B **Beim Gesprächspartner:** Wo sind seine Barrieren?

☐ Negative Assoziationen

☐ Sorge, vereinnahmt zu werden

☐ Zurückhaltung gegenüber Werbesprüchen

☐ Er/sie will nicht — wirklich?

☐ Unsicherheit in religiösen Fragen

☐ _____

Wie können Barrieren überwunden werden?

Nicht durch Überreden, auch nicht vorrangig durch Argumente. Die Barrieren können im persönlichen Gespräch entdeckt, gemeinsam angepackt und beiseite geräumt werden. Der andere fragt sich, ob er sich in meinem Sprechen wiederfindet.

20. AUCH FREUNDE KÖNNEN ANDERS DENKEN

Wenn wir Menschen für unsere Überzeugung gewinnen wollen, erscheint es dann nicht naheliegend, zunächst Freundschaften aufzubauen, um dann um so überzeugender zu sein?

Freundschaften sind allemal begrüßenswert, doch fraglich ist, ob dadurch andere eher zum Umdenken gebracht werden. Der »springende Punkt« sitzt anderswo.

Dazu folgendes Erlebnis: Eine Studentengruppe hatte mich zu einem Seminar eingeladen, bei dem ich referierend und beratend Stellung nehmen sollte zum Thema: Wie können wir an unserer Uni die Gute Nachricht vermitteln?

Wir fragten nach den Kontakten, die man täglich an einer Universität von 40 000 Studenten hat. Das sympathische Team von 40 jungen Leuten war sehr engagiert bei der Sache. »Wie können wir den Funken der Hoffnung auf andere übertragen?« Das war die Frage. Wir versuchten herauszuarbeiten, wie wertvoll freundliche Beziehungen zu Mitstudenten sein können; es müssen nicht immer gleich zeitaufwendige Freundschaften sein.

Spontan wurde vorgeschlagen, wieder einen offenen Hörsaalvortrag zu veranstalten. Allerdings waren das letzte Mal trotz massiver Werbung nur etwa 80 Studenten erschienen. Die Erklärung: »Man kann ja gleichzeitig nicht mehr als zwei oder höchstens drei Freunde haben ... Und wenn nur *einer* von ihnen kommt, dann können wir eben *nicht mehr* erwarten.« — Wirklich?

Könnten nicht unter den *Nichtfreunden* (über 99 %) viele Studenten sein, die gern zu einem Vortrag kämen, *wenn nur jemand mit Interesse und Vertrauen auf sie zugehen wollte?*
Damit waren wir mitten in einem äußerst fruchtbaren Gespräch.

Einige **Denkanstöße** sollen weitergegeben werden:

1. Die Gute Nachricht gilt allen Menschen (1. Timotheus 2, 4). Ihre Vermittlung darf nicht auf besonders enge Beziehungen beschränkt werden. Wichtig sind Vertrauen, Verständnis und Liebe.

2. Eine Freundschaft setzt eine Übereinstimmung in den wichtigsten Lebensfragen voraus, sie bewirkt diese Übereinstimmung nicht ohne weiteres.

3. Die stillschweigende Erwartung, der Freund werde sich schon für meine Überzeugung gewinnen lassen, belastet die Beziehung, so gut die Absicht auch sein mag.

4. Eine Freundschaft sollte nie berechnend, nie Mittel zum Zweck sein. Jede unausgesprochene Nebenabsicht führt zu Mißstimmung und Verhärtung.

5. Auf der anderen Seite lassen wir uns manchmal eher von jemandem anregen oder gar korrigieren, der uns nicht zu »nahe auf die Pelle rückt«, mit dem uns keine enge Freundschaft verbindet, sondern zu dem wir einfach Vertrauen haben.

6. *Eine normale Beziehung freundlich und vertrauensvoll zu gestalten – darauf kommt es an.*

7. In anregenden Büchern, die aus dem englischsprachigen Raum kommen, besonders aus den USA, wird die Bedeutung der »friendships« dargestellt (»How to introduce your friends to Christ«), was aber im Deutschen nicht zwingend mit Freundschaft übersetzt werden muß, sondern genauso Bekanntschaft bedeuten kann. Für jeden Berufstätigen ist der Vorgesetzte wie der Mitarbeiter, der Lieferant wie der Kunde normalerweise nicht ein Freund; dagegen sprechen oft gegensätzliche Interessenlagen. Aber er kann ein guter Bekannter sein, es kann sogar ein Vertrauensverhältnis enstehen. Darum geht es — um *die persönliche Aufwertung dieser zahlreichen, bereits vorhandenen Beziehungen.*

8. Das Gebot der Nächstenliebe besagt nicht, daß ich einigen wenigen Interesse und Sympathie entgegenbringen soll, soweit es meiner Gefühlslage entspricht, sondern daß ich dem Nächsten, der mir in den Weg gestellt wird und meine Anteilnahme braucht, mit der Liebe Gottes begegne.

Möglicherweise warten unter meinen Kollegen und Nachbarn schon mehr Nächste auf ihren Gesprächspartner, als ich bisher für möglich gehalten habe.

»Sage nicht alles, was du weißt,
aber wisse immer, was du sagst!«
Matthias Claudius (1740-1815)

21. WANN REDEN – WANN SCHWEIGEN?

Kennen Sie dies auch, das bohrende Fragen: Hätte ich doch öfter ein Wort der Ermutigung gesagt! Aber jetzt geht es nicht mehr. Hätte ich doch damals dem lieben Angehörigen gesagt, wieviel sie oder er mir bedeutet! Jetzt ist es zu spät.

Auch das Umgekehrte kann eintreten. Wir haben einem jungen Menschen unsere Meinung gesagt – und haben das Gegenteil bewirkt. Da hat jemand ein »Zeugnis« seines Glaubens gegeben, und die Kommunikation war damit abgebrochen. Man hatte seinen Standpunkt dargestellt, aber keiner konnte sich mit dem anderen identifizieren, sich in den Worten des anderen wiederfinden.

Zur missionarischen Gesprächsführung gibt es zwei gegensätzliche Auffassungen:

a) Da heißt es: Nicht viel reden, sondern vorleben.

Es leuchtet zunächst ein, wenn gesagt wird: »Nicht reden, bevor man gefragt wird; aber so leben, daß man gefragt wird.«
An diesem Rat ist viel Richtiges dran, vor allem die Betonung des Lebensbeispiels. Doch immer zu warten, bis man gefragt wird, das ist doch unrealistisch und unverantwortlich.

Wir kennen doch auch außerhalb des christlichen Lagers sympathische Menschen mit praktischer Hilfsbereitschaft und hohen ethischen Maßstäben. Kämen wir jemals auf den Gedanken, sie zu fragen: Was ist der Grund für Ihre sittliche Haltung?

b) Die andere Auffassung besagt: Reden, wo immer möglich.

Meist wird dies begründet mit 2. Tim 4,2. Es sollte jedoch berücksichtigt werden, daß diese Aufforderung, »das Wort zu predigen zur Zeit oder zur Unzeit«, einer bestimmten Person (Leiter) in einem speziellen Aufgabengebiet (Gemeinde) gilt.

Wo liegt also die richtige Lösung?

Entscheidend ist nicht in erster Linie, was ich für richtig halte, sondern was vom Blickwinkel des andern aus richtig ist, um die Gute Nachricht nicht nur akustisch zu hören, sondern auch als gut zu empfinden. Jesus hat unmißverständlich klar gemacht, daß die Liebe gegenüber dem Nächsten Vorrang hat. Das Missionieren ist nur soweit glaubwürdig, wie die Liebe Gottes nicht nur von mir empfunden, sondern auch in der Beziehung zum andern gelebt wird – und auch so von ihm empfunden werden kann.

Folgende **Ratschläge** gibt Paulus in Kolosser 4, 5-6:

1. Wir sollten uns in die besondere Situation des anderen einfühlen.

2. Es ist zu berücksichtigen, daß es *Zeiten* gibt, die *für das Gespräch günstig* sind, und Zeiten, die weniger günstig sind. Günstige Gelegenheiten sollten von uns genutzt werden.

3. Wie soll das Gespräch sein? *Freundlich!* Das ist entscheidend. Und »mit Salz gewürzt«, sprich *lebensnah*, sollten wir sprechen, nicht banal, nie belehrend, und wir sollten auch *zum springenden Punkt kommen*.

22. VOM ABENTEUER EINER PERSÖNLICHEN BEGEGNUNG[*]

★ Was sehen Sie bei Ihrer Arbeit als größtes Problem, mit dem man fertigwerden muß?

— Von der Wirtschaft hin zur Politik bis in unsere Familien hinein gibt es ein großes Problem: Wir können nicht mehr richtig miteinander sprechen.

★ Wollen Sie behaupten, daß wir uns in einer Situation der Sprachlosigkeit befinden?

— Ja. Wir verstehen es zwar, gute Worte zu machen, Reden zu halten, aber wir machen uns oft gar nicht die Mühe, den anderen wirklich anzuhören, wie er denkt, ob er nicht doch in der einen oder anderen Frage recht haben könnte.

★ Trifft diese Einschätzung auch auf Christen zu?

— Den Eindruck habe ich schon, daß Christen zwar in der Lage sind, sich im Lager der Gesinnungsgenossen zu verständigen. Aber wenn es um das Sprechen mit den ganz anderen geht, mit denen, die eben nicht mehr zur Gemeinde kommen, dann herrscht oft eine fast totale Sprachlosigkeit.

[*] Gekürztes und revidiertes Interview des Autors, entnommen aus der Zeitschrift Hoffen + Handeln, Nr. 11, 1993.

✳ In Ihrem Buch »Andere verstehen« wehren Sie sich dagegen, den nichtchristlichen Gesprächspartner lediglich als »Missionsobjekt« zu sehen.

— Wenn ich viele Worte mache, verliert der andere vielleicht die Neugier. Ich will real damit rechnen, daß der andere möglicherweise Sehnsucht nach Gott hat; daß er sich nur scheut, dies oberflächlich auf den Lippen zu tragen. Abseits stehende Menschen lassen bisweilen erkennen, daß sie eigentlich ganz gern engeren Vertrauenskontakt zu ihrem Schöpfer hätten. Aber sie haben bisher keinen Gesprächspartner, der dafür Anregung oder Ermutigung gibt.

✳ Blockieren wir nicht durch vorschnelle Antworten das Interesse unserer Gesprächspartner?

— Oft wollen wir zu schnell antworten anstatt mit dem andern zu fragen und dann ins Wort Gottes hineinzuschauen. Es ist einfach eine Tatsache: Jeder will viel lieber selber entdecken, als daß er von anderen bevormundet wird. Wir können den anderen nur gewinnen, wenn wir ihn selbst entdecken und wählen lassen und einfach Gefährte seines Fragens werden, auch Gefährte seiner oft verborgenen Sehnsucht.

✳ Sie sprechen von Sehnsucht. Gibt es nicht auch Menschen, die dem Wort Gottes ablehnend oder gar feindselig gegenüberstehen? Was dann?

— Das gibt es, und das macht uns auch Schwierigkeiten. Aber das ist andererseits auch das ganz große Abenteuer, zu dem Gott uns einlädt: das Abenteuer einer persönlichen Begegnung mit einem Menschen, der vielleicht ganz anders denkt. Zwei Menschen lernen sich kennen, fangen trotz aller Unterschiede an, einander ein wenig zu vertrauen. Man spricht über das eine und über das andere, man äußert Gedanken über die Zukunft und hoffentlich auch — wenn wir ehrlich weiterdenken — über Gott.

* Sollte also unter unserer rauhen Schale die verborgene Sehnsucht nach Gott freigelegt werden?

– Ja, das ist ein schönes Bild. Nur wenn ich daraus eine Methode machen wollte, könnte schon wieder die Liebe, die Gott schenken will, verloren gehen.

Jede Begegnung kann eine Chance sein. Wer weiß, ob wir uns noch einmal sehen? Wer weiß, wann der andere oder wann ich Abschied nehmen muß vom Leben? Wie wertvoll wird da eine einzelne Begegnung!

* Können hier auch Widerstände aufbrechen?

– Natürlich, es gibt auch Widerstände. Wenn einer anklagend fragt: Wie können Sie die Gerechtigkeit Gottes erklären, bei so viel Ungerechtigkeit in aller Welt? Oder es gibt andere schwere Fragestellungen.

Da ist es wichtig, daß wir ehrlich sind. Ich kann vieles auch nicht verstehen. Aber dann ist mir, als ob Gott mich fragen wollte, ob ich ihm trotzdem vertraue?

Und wenn ich seine Vertrauensfrage mit Ja beantworte, dann werde ich wieder froh. Und manchmal kann ich ihn dann im Rückblick viel besser verstehen.

C. TIPS FÜR BEGEGNUNGEN

1. *Auf den andern zugehen* (statt abzuwarten) *und Interesse an ihm zeigen* (statt zu zeigen, was ich habe).

2. Die Gute Nachricht ist häufiger gefragt, als wir denken. Der Suchende braucht einen Gesprächspartner, der *nicht fertige Antworten gibt, sondern an seinen Fragen Anteil nimmt.*

3. Die wichtigsten Fragen des Lebens sind oft verdrängt, zugeschüttet. Menschen des Vertrauens sind gefragt, die sich nicht durch vordergründige Vorbehalte abweisen lassen, sondern zuhören und *durch einfühlsames Fragen neue Denkprozesse auslösen.*

4. *Vom Blickwinkel des andern aus* sehen, hören und denken – dies schafft eine neue Atmosphäre des Verstehens.

5. Will ich mich in den andern hineinversetzen, mich mit seinen Gedanken identifizieren? Dadurch *kann Neugier geweckt und Mut zu neuen Erfahrungen gemacht* werden.

6. Wir können *Menschen besser verstehen lernen,* wenn wir sie nicht in der Gruppe ansprechen, sondern *einzeln.* Die Frage nach Gott wird in der Öffentlichkeit meist gemieden, beim einzelnen hat sie unterschwellig eine vitale Bedeutung.

7. Alle sind heute allergisch gegen lautstarke, große Worte. Der einzelne will von der *Liebe Gottes* nicht nur hören, er will sie *an Menschen erleben.*

8. Die Gute Nachricht wird nur dann als *gut* empfunden, wenn das Gespräch von *Verständnis und Nächstenliebe* geprägt ist. Sind wir bereit, uns zurückzunehmen, uns in Frage stellen zu lassen?

9. *Der andere will gern selbst entdecken,* nicht Vorgesagtes nachsagen. Die Gute Nachricht ermöglicht immer neue persönliche Entdeckungen.

10. Ich muß mich nicht stark geben. Missionarisches Sprechen *setzt* mich *nicht unter Druck,* aber auch den anderen nicht.

11. Andersdenkende können sich dann am ehesten öffnen, wenn sie uns *lernbereit* erleben.

12. Wenn jemand uns kritisch begegnet, kann dies als positive Herausforderung verstanden werden. *Sind wir bereit, die Kritik anzuhören und die tieferen Fragen zu entdecken,* die hinter der Kritik verborgen sein können?

13. Die Sehnsucht des Menschen nach Gott kann nicht durch unser – noch so engagiertes – Bemühen gestillt werden. Gott selbst will in Jesus dem Suchenden entgegenkommen. *Der andere sucht* bei uns nicht treffsichere Worte, sondern einfach – *Liebe von Gott.*

14. Sind wir bereit, dem andern auf seiner Ebene zu begegnen? Wenn er voll von Enttäuschungen ist, braucht er nicht einen Optimisten als Gesprächspartner, sondern einen, der Anteil nimmt und *mithilft, seine Enttäuschungen zu »entsorgen«.*

15. Es ist ein Geheimnis der Guten Nachricht: Jesus will dem einzelnen an dem Punkt begegnen, *wo er am dringlichsten die erneuernde Kraft Gottes braucht und ersehnt.*

16. Wenn der andere mir das Leben schwer macht, ist bald der Vorrat an Geduld und Verständnis verbraucht. Dann kann sich zeigen, *was die Liebe vermag,* die von Gott kommt.

17. Geistliche Kommunikation sollte sich *durch echte Anteilnahme* am einzelnen auszeichnen. Nur so *kann sein verborgenes Fragen nach Gott sich entfalten.*

18. *Zweifel* werden nicht durch Argumente überwunden, sondern *durch Vertrauen.* Welchem Weg ich mich anvertrauen will, dies kann ich durch gedankliche Prüfung vorbereiten; aber überwunden werden die Zweifel letztlich durch eine willentliche Entscheidung, die meist mehr vom Herzen als vom Kopf gesteuert wird.

19. Gesprächsbarrieren werden in der Regel nicht durch Gesprächstechnik aufgehoben, sondern durch *das persönliche Interesse und Vertrauen, das ich in den andern investiere.*

20. Es gibt einen ungewöhnlich großen Bedarf an heilen Beziehungen. Unser Bemühen, andere zu verstehen, darf nicht nur denen gelten, die uns sympathisch sind, mit denen »die Chemie stimmt«. Die Gute Nachricht der Liebe Gottes gilt allen Menschen. Und wahrscheinlich *warten* unter unseren Nachbarn und Kollegen *schon einige auf ihren Gesprächspartner.*

21. Der Einwand *»Keine Zeit!«* muß nicht das Ende der Kommunikation bedeuten, es kann auch das *Startsignal für ein anspruchsvolles Gespräch* sein.

22. *Unsere Glaubensgespräche sollten menschlicher werden, und unsere säkularen Gespräche – geistlicher.*

hänssler

Kurt Scheffbuch

Andere verstehen – andere gewinnen

Impulse zur Gesprächsführung
Pb., 130 S.,
Nr. 58.026, ISBN 3-7751-1689-3

Sprachprobleme gibt es nicht nur im Urlaub oder bei Geschäftsreisen im Ausland. Auch Christen haben sie immer wieder, wenn sie mit Nichtchristen über das ins Gespräch kommen wollen, was ihrem Leben Sinn gibt. Das Evangelium, das sonntags sonnenklar zu sein scheint, können viele wochentags nicht »rüberbringen«. Das muß nicht so bleiben.

Dieses Buch leitet Christen dazu an, verständlich über ihren Glauben zu sprechen.

In dreißig Leitsätzen präsentiert Kurt Scheffbuch, wie der Kontakt mit anderen aufgebaut werden kann, damit er zu einer Brücke der Kommunikation wird. Er geht auf die innere Haltung ein, die für solche Gespräche eine wichtige Voraussetzung ist. Er spricht von den einzelnen Schritten, die es zu beachten gilt, wenn der andere sich im Gespräch akzeptiert und verstanden fühlen soll.

Bitte fragen Sie in Ihrer Buchhandlung nach diesem Buch!
Oder schreiben Sie an den Hänssler-Verlag, Postfach 1220,
D-73762 Neuhausen-Stuttgart.